À la mémoire
de ceux qui partis du Canada
ont versé leur sang sur la terre de
France

DIEPPE, DIEPPE

BRERETON GREENHOUS

DIEPPE, DIEPPE

ART GLOBAL

Données de catalogage avant publication (Canada)

Greenhous, Brereton, 1929-
  Dieppe, Dieppe
  Traduction de : Dieppe, Dieppe.
  Comprend des réf. blibliogr.
  ISBN 2-920718-53-3
  1. Dieppe, Raid sur, 1942. 2. Guerre, 1939-1945
(Mondiale, 2e) - Opérations navales canadiennes. 3.
Guerre, 1939-1945 (Mondiale, 2e) - Opérations navales
britanniques. I. Titre.
D756.5.D5G7314 1993   940.54'21425   C93-096789-5

Coordonnateur du projet : Serge Bernier

Page de garde :
illustration :
Jean Paul Lemieux (1904-1990)
Soldat, 1982
Huile sur toile, 41 x 51,1 cm
Collection particulière, Québec
Photographie : Jean-Guy Kérouac
texte:
Extrait de l'inscription figurant sur le cénotaphe
dressé sur la plage de galets, à Dieppe,
et dédié à la mémoire des Fusiliers Mont-Royal.

Illustration de la jaquette : Stéphane Geoffrion,
d'après *Soldat* de Jean Paul Lemieux.

Conception et réalisation : Équipe Art Global

Imprimé au Canada

This work was published simultaneously in English under the title:
Dieppe, Dieppe
ISBN 2-920718-52-5

Publié par Éditions Art Global
en collaboration avec le Ministère de la Défense Nationale
et le Groupe Communication Canada -
Édition, Approvisionnements et Services Canada.

ISBN 2-920718-53-3 (Art Global)

REMERCIEMENTS

Plusieurs personnes m'ont apporté une aide et un appui inestimable pour la réalisation du présent ouvrage : Alec Douglas, directeur général du Service historique du ministère de la Défense nationale du Canada, m'a amené, par ses remarques judicieuses, à améliorer considérablement mon travail; Roger Sarty, Stephen Harris, Michael Whitby, Don Graves, Bob Caldwell et Richard Gimblett, mes collègues de la Direction générale du Service historique, m'ont offert un support technique en plus de me faire d'intéressantes suggestions. Les cartes m'ont été fournies par William Constable tandis que Serge Bernier assumait l'administration et la coordination du projet.

Toute ma reconnaissance va en outre à Brian Villa, de l'université d'Ottawa, pour son appui enthousiaste et ses critiques constructives; à Tim Dubé, Ernie Butler, Michel Wyczynski et Micheline Robert, des Archives nationales du Canada, pour leur amabilité constante alors qu'ils exhumaient pour moi des récits de JUBILEE et réussissaient à me procurer des photographies de l'entraînement de RUTTER; et enfin, à Jane Sampson pour son flair alors qu'elle fouillait les Archives nationales britanniques, à Londres, à la recherche de documents appropriés et opérait un choix de photographies à l'Imperial War Museum.

La compétence de tous ces collaborateurs ne saurait être mise en doute si, par hasard, quelque erreur quant aux faits s'était glissée dans le présent ouvrage, et je reste, bien entendu, seul responsable de tous les jugements et interprétations que je livre au lecteur.

INTRODUCTION

Dieppe, Dieppe... Aux oreilles des Canadiens, ces mots résonnent avec toute la solennité rituelle d'un glas. «Du choc brutal de la vie avec la mort, écrivait Elizabeth Barrett Browning, jaillit un éclair terrifiant.» Or, l'opération JUBILEE a produit, dans notre mémoire nationale, un éclair si terrifiant qu'il est parfois ardu d'en démêler la réalité de la fiction.

Malgré tout, certains faits ne sont que trop clairs. Quatre mille neuf cent soixante-trois soldats canadiens se sont embarqués pour Dieppe. Parmi eux 907, c'est-à-dire plus de 18%, ont été tués sur les plages au cours de sept horribles heures, sont décédés des suites de leurs blessures ou ont péri entre les mains de l'ennemi. Deux mille quatre cent soixante autres, soit près de 50%, ont été blessés, et, parmi les 1 874 hommes qui ont été faits prisonniers se trouvaient 568 de ces blessés. Seuls 336 des 2 210 soldats qui sont rentrés en Angleterre (dont 200 ou 300 n'avaient même pas débarqué) sont revenus indemnes.

Au cours de la Première Guerre mondiale, il est arrivé par trois fois aux Canadiens d'essuyer des pertes plus graves dans un laps de temps encore plus court : à Vimy, à Passchendaele et à Amiens. Cependant, ces grandes batailles sont considérées comme des victoires, et les pertes en question représentaient un pourcentage bien inférieur par rapport à l'effectif engagé. Il est arrivé que des petits groupes subissent des préjudices très graves, dans la victoire comme dans la défaite, mais ces pertes étaient trop faibles, en chiffres absolus, pour aller jusqu'à frapper l'imagination nationale.

En 1814, déjà, le duc de Wellington faisait observer, après avoir vaincu à Waterloo : «Il n'est rien de plus triste que de gagner une bataille, si ce n'est de la perdre.» À Hong-Kong, en décembre 1941 — comme Dieppe une bataille perdue —, 290 Canadiens ont été tués ou sont morts des suites de leurs blessures en une semaine de combats, c'est-à-dire 14,7% des 1 973 hommes qui avaient quitté le Canada un mois plus tôt. Cent trente-deux autres mourront durant les trois années et demie de dure captivité qui suivront.

Le taux global de mortalité à Hong-Kong est de 21,3%. Ce chiffre est supérieur à celui de Dieppe, mais la durée plus longue de la bataille combinée aux forces engagées en nombre inférieur en ont atténué la portée. C'est la raison pour laquelle les historiens canadiens ont témoigné un intérêt proportionnellement moindre à cette bataille. Par contre, Dieppe, qui alliait des effectifs considérables à un pourcentage plus élevé en pertes au combat, à l'intérieur d'un laps de temps très court, a laissé une trace indélébile. En outre, aucune des batailles qui ont suivi — qu'il s'agisse d'Ortona, de la vallée de la Liri, de la crête de Verrières, de Woensdrecht, ou encore de la Hochwald — n'a heureusement égalé les effets de cette cruelle combinaison.

Au fil des ans, on a rédigé un véritable déluge de mots sur l'opération JUBILEE. Pas moins de 30 livres ou opuscules en anglais ou en français (et un en allemand) ont eu ce raid pour thème principal, et toutes les histoires des régiments impliqués lui font un sort. On a en outre produit sur le sujet une demi-douzaine de documentaires ou de docudrames télévisés, deux pièces de théâtre, un poème épique, et d'innombrables articles ont été publiés dans des livres, des revues ou des journaux.

Le premier récit cohérent (en dépit de sa tendance à minimiser l'ineptie de la planification et à accepter trop aisément les excuses faciles des officiers supérieurs), est dû à la plume de l'historien officiel de l'armée de terre canadienne, le colonel C.P. Stacey, dans *Six années de guerre* (1957). Dans son ouvrage, il précise que les méandres et les contradictions de l'organisation et de la préparation ne seront pas faciles à comprendre. Affirmant (avec une certaine exagération) qu'on dispose, dans l'ensemble, de très bonnes sources documentaires sur ce raid, il admet toutefois que « les renseignements sur *son origine et ses objectifs*, qui revêtent une importance particulière, sont loin d'être complets ».

Il aurait également pu souligner, ce qu'il n'a pas fait, l'absence de certains documents fondamentaux sur l'exécution de cette opération. En effet, celle-ci reposant totalement sur l'effet de surprise, le secret préalable était de la plus haute importance. Par la suite, l'orgueil et l'ambition l'ont enveloppée d'un voile supplémentaire de dissimulation. Il semble que le chef des Opérations combinées, lord Louis Mountbatten, et son conseiller naval, le capitaine John Hughes-Hallett, qui allait commander la force navale de JUBILEE, aient soigneusement supprimé certains de ces documents. Enfin, selon le biographe officiel de sir Bernard Montgomery, celui-ci, qui était responsable de l'opération annulée RUTTER, en a également détruit, car il a délibérément brûlé tout ce qui pourrait l'«impliquer», pour, ensuite, pouvoir mentir sur son rôle dans le processus de planification.

Le commandant de la force terrestre, le major général canadien John Hamilton Roberts, qui a servi de bouc émissaire à l'échec, a choisi de garder toute sa vie le silence d'un officier et d'un gentilhomme, « sans un mot, sans une plainte ». Cette attitude, pour exemplaire qu'elle soit de la part d'un soldat, n'en a pas moins frustré les historiens perdus dans la recherche des pièces d'un étrange casse-tête.

La plupart des auteurs qui ont marché sur les traces de Stacey ont peut-être ajouté beaucoup de relief (et toutes sortes de spéculations gratuites) au récit de ce dernier, mais peu d'éléments utiles. Il existe toutefois quelques exceptions notables : le morceau de révisionnisme plusieurs fois couronné de Brian Loring Villa, *Unauthorized Action : Mountbatten and the Dieppe Raid* (1989); l'étude malheureusement trop brève de John P. Campbell, « Air Operations and the Dieppe Raid », dans *Aerospace Historian* (avril 1976), et l'article révélateur de J.R. Robinson « Radar Intelligence and the Dieppe Raid » dans la *Revue canadienne de défense* (avril 1991). Günther Peis, dans *The Mirror of Deception* (1977) — consacré en grande partie à d'autres sujets que Dieppe — se penche sur la question de savoir si les Allemands étaient au courant du raid. Son travail demeurera le meilleur en la matière jusqu'à ce que nous récoltions les fruits du labeur de John Campbell dans *Dieppe Re-visited : A Documentary History*, qui paraîtra à Londres d'ici la fin de l'année.

Un vieil adage — que son âge n'en rend pas moins vrai — voudrait que la victoire ait de nombreux pères, mais que la défaite soit orpheline. De fait, personne ne s'est jamais déclaré responsable de cette catastrophe, et les circonstances qui l'ont entourée se sont avérées, tant par accident que par dessein, si complexes et obscures que les responsables ont toujours été en mesure de «dépersonnaliser» considérablement la question. Pendant de nombreuses années, ils ont été aidés dans cette tâche par les exceptionnels talents de relationniste de lord Louis Mountbatten, qui fut le chef des Opérations combinées. À partir du 19 août 1942, jusqu'à son décès, celui-ci (aidé par son conseiller naval d'alors, le capitaine John Hughes-Hallett, qui avait peut-être encore davantage à cacher), a consacré énormément de temps et d'énergie à supprimer ou à neutraliser les critiques.

Malgré tout, grâce à l'ouverture d'archives tant publiques que privées et au zèle infatigable de quelques hommes, on en sait maintenant davantage sur la politique et la planification de RUTTER, et sur sa réorganisation sous la forme de JUBILEE, que n'en révèlent les écrits de Stacey. Par ailleurs, on a assisté à la naissance de toutes sortes de mythes et d'idées fausses qui méritent une réfutation. Rien ne prouve que les Allemands qui se trouvaient sur place (ou même dans les environs plus ou moins immédiats) aient été prévenus du raid, ni que le premier ministre britannique ou ses chefs d'état-major aient voulu faire échouer l'opération pour réduire les pressions exercées par les Russes (ou par les Américains) en faveur d'un second front. Les organisateurs de ce raid disent en avoir tiré des enseignements. Mais une analyse intelligente des possibilités et de la technologie dont ils disposaient, et l'application du sens commun à un entraînement bien pensé se seraient avérés tout aussi efficaces et bien moins coûteux.

Le présent ouvrage tente de présenter, sous une forme à la fois simple et relativement brève, les éléments combinés, concernant la politique, les personnalités en présence de la haute stratégie, les opérations et les tactiques sur terre, sur mer et dans les airs, qui ont finalement abouti à l'«éclair terrifiant» de Dieppe.

Chaque fois qu'il le pouvait, l'auteur a reproduit les mots mêmes de ceux qui ont pris une part active à ces événements — *signalés par des caractères en italique*. Bien sûr, les souvenirs prennent un relief différent au fil des ans et revêtent une forme parfois plus spectaculaire, plus divertissante ou plus flatteuse que l'a été la réalité. Les paroles ainsi relatées, à l'exception du remarquable récit d'Albert Kirby, sont donc aussi contemporaines, ou presque aussi contemporaines, que le permet la recherche.

CHAPITRE I

CHAPITRE I

«UNE VILLE CÔTIÈRE NOMMÉE DEEPY»

Par cette nuit calme et douce du 18 au 19 août 1942, le matelot de deuxième classe Albert Kirby est à la barre de la R-135, une grande péniche de débarquement de personnel, ou LCP(L), pour reprendre le nom en usage à la Royal Navy. La langue familière en a fait des *R-boats*, ou des péniches Higgins, du nom de leur créateur américain. Ces embarcations à fond plat, en contre-plaqué fixé sur une armature d'acier, sont longues de 11,4 mètres sur 3,4 de large. Propulsées par un bruyant moteur à essence, elles tiennent bien la mer, peuvent atteindre une bonne vitesse et possèdent une autonomie de 193 kilomètres lorsqu'elles filent entre neuf et onze nœuds.

Au besoin, on peut les descendre en pleine charge des bossoirs d'un navire. Conçues pour s'échouer sur une plage l'avant en premier, elles sont cependant dépourvues de toute espèce de rampe. Pour atteindre le rivage, le passager doit donc escalader comme il le peut la haute proue pour se laisser tomber d'un mètre ou plus sur le sable ou les galets. En outre, ces péniches ne sont certainement pas à l'épreuve des balles.

Kirby est le patron de celle-ci, ainsi qu'il le racontera un demi-siècle plus tard, avec à ses côtés, le commandant, un sous-lieutenant de la Royal Navy. Derrière eux, au fond de la cale, se trouvent un officier marinier mécanicien, un matelot de troisième classe faisant office de matelot de pont (pour autant qu'on puisse parler d'un pont) et 36 hommes en armes, assis à califourchon sur trois bancs inconfortables qui traversent la cale de part en part.

Kirby, originaire de Woodstock, en Ontario, s'est porté volontaire, après avoir reçu son instruction élémentaire à Halifax, pour un « travail dangereux » à bord de petits bâtiments. Mais, jusqu'ici, sa vie a été extraordinairement terne : une base d'instruction en Écosse, sur les rives de la Clyde, et un dépôt à Portsmouth ne sont pas des endroits follement excitants pour un jeune homme de 18 ans empressé à jouer un rôle dans la chute de Hitler. À présent, il sert dans la 2e Flottille canadienne de péniches de débarquement et songe : « *Bon Dieu, quelle guerre! Quand donc allons-nous pouvoir épauler une arme et voir au bout un Boche qui ne demande qu'à se faire tirer dessus?* »

La semaine précédente, à court d'argent, il a vendu à un ami sa permission de fin de semaine suivante. Il a donc dû le remplacer lorsqu'on a fait appel inopinément à lui et à deux autres matelots de la Marine royale du Canada (MRC) le samedi matin, afin de compléter les équipages de la Royal Navy (RN) destinés à « *une flottille de* R-boats... *pour quelques jours, puis vous revenez ici illico.*" "*Mais à quoi ça rime, cette fiche de plus proche parent?*" insistai-je. L'officier marinier régulateur a une réponse toute prête : "*Écoutez, les gars, vous allez là-bas en camion, oui? Bon, ben c'est sûr qu'y en a un qui va tomber en chemin et avaler sa chique.*

Alors, faut bien qu'on sache à qui renvoyer sa carcasse pleine de rhum. »

Lorsque le camion atteint Newhaven, Kirby est affecté à l'une des 25 LCP(L), qui se remplira bientôt d'hommes du *Queen's Own Cameron Highlanders of Canada*. Le mardi soir, la flottille au grand complet prend la mer, pour ce qui ne représente, dans l'esprit de Kirby, qu'un exercice comme un autre dans l'interminable série de ceux qui ont jalonné jusqu'à ce jour sa carrière dans la marine.

L'obscurité s'est lentement abattue sur nous, et nous avons fini par perdre de vue toutes les péniches de débarquement qui nous entourent. Guidée uniquement par le petit feu bleu à l'arrière de la R-84, notre embarcation vrombissante poursuit son avance immuable, fendant la nuit à l'élégance quasi tropicale. Au-dessus de mon épaule droite, j'aperçois la lune, petite et pâle, et je me mets à penser à mon foyer et à ma petite amie, à Halifax...

Il est maintenant près de 22 heures, et notre fidèle moteur Hall-Scott continue d'émettre son grondement inexorable. La lune se rapproche de l'horizon, mais la houle de fond de la Manche, lente et douce, imprime à notre coque un agréable va-et-vient que je trouve très reposant. Ce mouvement semble toutefois indisposer certains des soldats, qui me paraissent un peu malades. La plupart d'entre eux tentent de grappiller un peu de sommeil. Notre cap me paraît varier entre le 130 et le 140. Je suppose que cette variation provient d'une lente
ondulation serpentine de la longue file de péniches de débarquement, mais, dans l'obscurité qui cache celles-ci à ma vue, j'en suis réduit aux conjectures. À la barre, je jouis d'un confort considérable, assis sur un siège rembourré, mais mon cœur se serre à la pensée des fantassins entassés dans la cale. Chargés d'armes et de munitions, serrés les uns contre les autres comme des petits pois dans leur cosse, ils changent de position de temps à autre pour lutter contre l'ankylose, pendant que nous poursuivons inlassablement notre course en fouettant l'eau, de kilomètre en kilomètre et d'heure en heure... vers quelle destination ?*

Un peu plus de deux ans auparavant, le 4 juin 1940, alors que le jeune Albert use encore ses fonds de culotte sur les bancs de l'école, le premier ministre britannique, Winston Churchill, adresse un communiqué à ses chefs d'état-major : « Il importe au plus haut point de retenir le plus grand nombre possible de soldats allemands sur le littoral des pays qu'ils ont conquis. Nous devrions nous atteler immédiatement à la mise sur pied de forces de raids contre les côtes où vivent des populations amies... Nous pourrions compter sur l'effet de surprise en dissimulant la destination jusqu'au dernier moment... Il faut faire un effort pour secouer la prostration mentale et morale qui nous accable devant la volonté et l'initiative de l'ennemi. »

Le surlendemain, il développe davantage cette idée : « Il faut préparer des entreprises employant des troupes spécialement entraînées de classe "chasseur"

qui sauront faire régner la terreur le long de ces côtes. Elles opéreraient tout d'abord d'après le principe du raid éclair, mais, par la suite... nous pourrions surprendre Calais ou Boulogne, tuer ou capturer la garnison boche, tenir l'endroit jusqu'à ce que l'ennemi ait pris toutes ses dispositions pour le réduire par le siège ou par un puissant assaut, puis repartir. »

Trois semaines plus tard, au cours de la nuit du 23 au 24 juin 1940 (quelques jours à peine après l'évacuation de Brest par les derniers éléments de la 1re Division canadienne d'infanterie, et moins de 48 heures après la reddition officielle de la France à l'Allemagne), commencent les premiers raids de ce type. Cent vingt-cinq hommes d'une compagnie indépendante s'embarquent à bord de huit vedettes légères et s'approchent de la côte française en plusieurs points entre Boulogne et Berck, à 40 kilomètres au sud.

Deux équipes débarquent dans « un désert de dunes, vierge de tout occupant », pendant qu'une autre se faufile dans un mouillage d'hydravions allemands, mais, sachant l'ennemi aux aguets, ne fait aucune tentative d'engagement et rentre tranquillement. Un quatrième groupe, après une heure d'attente sur le rivage, se fait tirer dessus par une patrouille de cinq Allemands, qui prennent la fuite, et se replie, emportant un officier légèrement blessé.

La cinquième équipe connaît un peu plus de succès, se livrant à un petit massacre avant de décamper : ayant débarqué juste au sud du Touquet, elle s'approche « d'un grand édifice » — probablement une caserne provisoire — entouré de barbelés. En silence, les hommes parviennent à tuer deux sentinelles, « mais l'une d'elles pousse un cri avant de mourir », donnant ainsi l'alarme. Les commandos lancent alors des grenades sur l'ennemi et « se replient sans subir de pertes ».

Chaque équipe revient en Angleterre séparément, débarquant à différents ports, où on leur réserve un accueil inégal. Dans l'un, les acclamations des marins penchés sur le bastingage des navires de la Royal Navy accompagnent les commandos jusqu'au rivage. Ailleurs, on leur refuse d'abord la permission de pénétrer dans le port, dans le doute de leur identité. Ils mouillent devant l'entrée du port « sous la menace de canons situés sur la côte », jusqu'à ce qu'ils se soient tous « légèrement grisés » avec deux pots de rhum qui se trouvaient à bord par le plus grand des hasards. Lorsqu'on les autorise enfin à débarquer, la police militaire, qui les prend pour des déserteurs, les met aux arrêts...

Mais il ne s'agit là que d'un revers sans gravité. Les Opérations combinées forment bientôt une organisation officielle, dont le commandement est d'abord confié au lieutenant général sir Alan Bourne, puis à un vétéran des raids de la Première Guerre mondiale et favori de Churchill, l'amiral de la flotte sir Roger Keyes. Le 27 octobre 1941, le jeune et fringant cousin du roi, le commodore lord Louis Mountbatten, succède à Keyes. Sur l'ordre de Churchill, il est promu peu après au grade de vice-amiral et, au grand dépit des chefs d'état-major, les conseillers militaires les plus haut placés

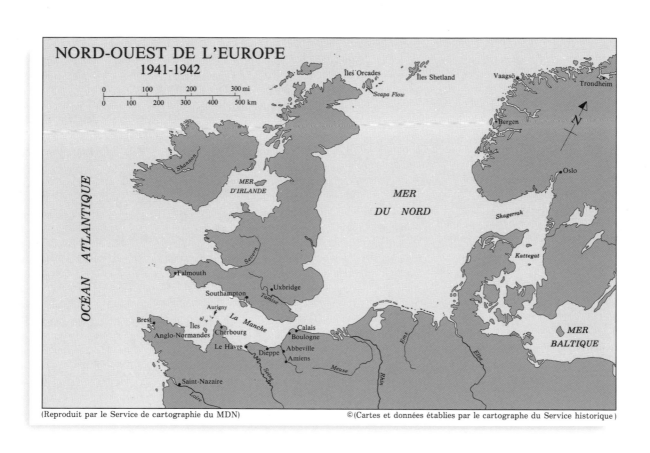

NORD-OUEST DE L'EUROPE
1941-1942

(Reproduit par le Service de cartographie du MDN)   ©(Cartes et données établies par le cartographe du Service historique)

du premier ministre, reçoit un siège à leur table. Les compagnies indépendantes deviennent les bataillons pour les opérations spéciales, puis les commandos.

Au cours des deux années suivantes auront lieu de nombreux autres raids, grands et petits, victorieux ou pas. Il vaut cependant la peine de signaler que, jusqu'à l'été de 1942, aucun d'entre eux ne sera coûteux en vies humaines, à une exception près, ainsi qu'on le verra, où le prix à payer semblera proportionnel au résultat. En règle générale, l'échec signifiera l'absence de succès plutôt que la défaite pure.

Progressivement, la technique des raids se perfectionne. Le lieutenant-colonel John Durnford-Slater, qui, à la tête du Commando N° 3, mènera un assaut, à la Noël 1941, contre Vaagsö, port de pêche d'une île sise au large des côtes méridionales de la Norvège, envisage cette descente comme une « entreprise ambitieuse contre une zone défendue ». « La réaction ennemie sera assurément violente », affirme-t-il à Mountbatten. Il faudra affronter une batterie de défense côtière « d'un calibre passablement élevé », installée dans l'île de Rugsundo, à plus de six kilomètres de Vaagsö. En face de l'extrémité méridionale de la ville, sur l'îlot rocheux de Maaloy, la batterie de quatre pièces de 125 millimètres, qui commande les abords immédiats, risque de s'avérer plus dangereuse. Avec raison, on estime que la garnison allemande est composée de quelque 200 soldats et de 50 marins. Les forces lancées contre eux devraient donc comprendre environ 525 commandos et une douzaine d'hommes de l'Armée royale norvégienne.

Les avions ennemis représentent également un danger. Le service du renseignement prédit, sans se tromper, la présence de 20 à 30 bombardiers basés à environ 322 kilomètres de là, dont certains seraient basés à Stavanger et d'autres à Trondheim, et dont « environ 50% sont opérationnellement utilisables à n'importe quel moment ». De plus, un escadron de chasseurs Messerschmitt 109 est stationné à Herdla, à seulement 129 kilomètres sur la côte. Le premier d'entre eux devrait pouvoir atteindre Vaagsö dans l'heure qui suivrait une alerte.

Mountbatten n'est pas peu inquiet. « "Tout ça me semble très ambitieux, dit-il. Vous ne croyez pas qu'il vaudrait mieux s'en prendre à quelque chose qui ne soit pas tout à fait aussi fort? Comment pensez-vous venir à bout de la batterie [de Maaloy]?" Je lui réponds [raconte Durnford-Slater] : "Si vous permettez au croiseur *Kenya* et à ses destroyers d'escorte de s'avancer jusqu'à 2 743 mètres et de faire subir dès l'aube un bon pilonnage à la batterie, je suis sûr que ce problème sera réglé. Vous pouvez faire confiance à nos hommes pour s'occuper de la garnison allemande." »

Il le peut, en effet. Lorsque l'aube se lève sur le 27 décembre, les 12 pièces du *Kenya* ouvrent le feu sur Maaloy. En 10 minutes, « 400 à 500 obus de 15 centimètres s'abattent sur une zone qui ne fait pas plus de 228 mètres de côté ». À bord des deux ferries de la Manche, convertis pour transporter l'expédition depuis Scapa Flow, « avec exactement une minute de retard », et au bout d'un voyage de quelque 483 kilomètres,

Le premier ministre Winston Churchill, sur la passerelle d'un navire de guerre de la Royal Navy. «Nous devrions nous atteler immédiatement à la mise sur pied de forces de raids contre les côtes où vivent des populations amies...» [IWM (Imperial War Museum, Londres)]

En Écosse, par une journée pluvieuse et venteuse de juillet 1941, le premier ministre Winston Churchill et (juste à sa droite) son conseiller aux Opérations combinées, l'amiral de la flotte sir Roger Keyes, assistent à un exercice de débarquement. [IWM]

on a déjà descendu les LCP(L), chargées jusqu'aux plats-bords.

En raison de la nécessité de neutraliser en premier lieu la position de Maaloy, les garnisons de l'île et de la ville sont inévitablement prévenues, dans une certaine mesure, de l'approche des commandos. « À une centaine de mètres à peine du rivage, on envoie le signal convenu, une pluie de fusées Very. Le bombardement cesse immédiatement, et les [Handley Page] Hampden… larguent leurs bombes fumigènes sur les bords de l'île, enveloppant rapidement celle-ci d'un voile de fumée blanche… » À Maaloy et aux deux extrémités de Vaagsö, une ville qui s'étire sur un kilomètre le long du rivage, coupée d'une unique rue, les commandos prennent d'assaut le rivage, lançant des grenades et tirant de la hanche.

« Algy Forrester fonce comme une fusée… laissant une traînée de cadavres allemands derrière lui », racontera Durnford-Slater. Quelques minutes plus tard, Forrester (qui avait été journaliste correspondant avant la guerre) est tué en menant l'attaque contre le quartier général ennemi dans l'hôtel Ulvesund*. Le plus haut gradé des Norvégiens accompagnant les commandos, le capitaine Martin Linge, exhorte la troupe de Forrester, mais ne réussit qu'à partager le sort de ce dernier, et il en ira de même pour le capitaine John Giles.

---

* Dix-huit mois plus tard, Durnford-Slater, au cours d'un briefing qu'il donne à ses officiers en vue de l'invasion de la Sicile, leur déclare : «C'est vous, les officiers, qui devrez régler l'allure lorsque nous aurons débarqué… Rappelez-vous Vaagsö. C'est Algy Forrester qui a réellement remporté cette victoire pour nous, en chargeant à fond de train dans la rue principale.»

Les commandos continuent d'avancer. « Il y a beaucoup de bruit », note Durnford-Slater, à moitié assourdi par les tirs du *Kenya* et de la batterie de Rugsundo, qui sera bientôt muselée (le *Kenya* est touché par deux fois, sans connaître d'avarie grave), par le hurlement des moteurs d'avion, les tirs antiaériens des quatre destroyers qui ont accompagné l'expédition, l'explosion des grenades et des charges de destruction, ainsi que le rugissement des flammes qu'elles engendrent. « J'entends un signaleur se plaindre de la difficulté qu'il éprouve à recevoir des messages : "Bon Dieu, c'est vraiment terrible! On s'entend à peine penser." »

« Au plus fort de la bataille », note-t-il, ses signaleurs « transmettent des messages au rythme de 40 à l'heure » au brigadier Charles Haydon, commandant en chef des opérations terrestres, à bord du HMS *Kenya*. Il devient nécessaire de répéter de nombreux messages « par des moyens visuels », car, lorsque les postes de radio fonctionnent simultanément, « il y a toutes sortes de brouillages et de parasites dans les récepteurs, si rapprochés les uns des autres sur une passerelle hérissée d'antennes de fortune ».

Treize Bristol Blenheim se sont lancés à l'attaque de l'aérodrome de Herdla, et leurs bombes ont creusé, dans la piste de planches posée sur le muskeg norvégien, d'énormes trous « dans l'un desquels un Me109 est tombé au moment précis où il allait décoller, probablement à destination de Vaagsö, avec le reste de son escadron ». Au-dessus de Vaagsö, des Bristol Beaufighter et des versions de chasse des Blenheim (les seuls chasseurs anglais possédant l'autonomie

Lord Louis Mountbatten, peu après sa nomination au poste de conseiller aux Opérations combinées, passe en revue des commandos. De l'avis de Robert Henriques, il était consumé par «une vaste ambition sans rien de répréhensible, car elle coïncidait parfaitement avec l'intérêt public». [IWM]

Les commandos britanniques revenant d'un raid précédant celui de Dieppe. Leurs bonnets de laine seront remplacés par le fameux béret vert à l'été de 1942. [ANC (Archives nationales du Canada)]

nécessaire) se relaient tant bien que mal pour assurer une couverture aérienne « de 9 h 28 à 16 h 15 [alors qu'ils] doivent franchir quelque 563 kilomètres pour atteindre les lieux du combat ».

Au cours de la matinée, deux des Blenheim venus de l'Escadron N° 404 de l'ARC, alors basé à Dyce, s'en prennent à une patrouille de Me109, qu'ils parviennent à chasser. Leurs pilotes assureront en avoir détruit « probablement » un, et « peut-être » l'autre. « Nous avons vu sortir de la fumée du moteur de l'un des deux appareils, qui perdait régulièrement de l'altitude en s'éloignant. » Mais leurs prétentions sont sans fondement, quatre Heinkel 111 ont été abattus, mais aucun Messerschmitt. La RAF a perdu, pour sa part, huit appareils.

Les pertes britanniques auraient probablement pu être moindres si tout avait été mené dans les règles. Insouciant, le Commandement de la défense côtière responsable de la défense antiaérienne de la flottille était trop occupé pour pratiquer sa liaison air-mer entre le *Kenya* et les chasseurs. Le jour du raid, les communications avec les Hampden du Commandement de bombardement (qui avaient participé aux répétitions) s'avèrent « excellentes », mais le contrôleur aérien du *Kenya* « n'a jamais réussi à établir le moindre contact avec les pilotes d'aucune des cinq sorties de chasse effectuées au cours de la journée ». À un moment donné, l'un des marins a pu voir avec effroi le contrôleur tentant en vain de prévenir un Blenheim de la présence du Me109 qui s'était glissé à son insu sous son arrière et qui,

« d'une seule longue rafale dédaigneuse, l'efface du paysage ».

En définitive, les attaquants auront éliminé la moitié de la garnison allemande (y compris le commandant) et fait 98 prisonniers, ce qui leur a coûté 21 morts et 52 blessés. En outre, ils ont capturé des codes et des chiffres navals vitaux, coulé 14 millions de kilos de navires, détruit une station de TSF, un magasin de munitions, une caserne et son parc de véhicules, ainsi qu'un central téléphonique, brûlé de fond en comble trois usines d'huile de poisson (dont les produits riches en vitamine D sont essentiels au bien-être des équipages de sous-marins allemands), et 67 jeunes Norvégiens ont accepté d'être ramenés en Écosse pour s'enrôler dans les forces norvégiennes libres.

Durant ce genre d'opérations aussi complexes, même lorsqu'elles sont de petite envergure, une certaine dose de chance est nécessaire pour que tout se déroule aussi bien qu'à Vaagsö*. Toutefois, de l'avis de l'amiral sir John Tovey, commandant de la flotte métropolitaine britannique, à Scapa Flow, et « protecteur » de ce raid, son incontestable succès tactique a reposé sur « une solide planification et une excellente coopération interarmées, ainsi que sur une force d'assaut bien entraînée et bien équipée ». Il aurait pu ajouter que l'opération avait bénéficié d'un appui-feu convenable, de communications suffisantes, d'une navigation exacte et d'un strict respect de l'horaire. Enfin, si la force de débarquement était bien

---

* «La guerre, écrivait le général James Wolfe en 1757, est, par nature, une entreprise hasardeuse où aucun choix n'est sans péril; il faut donc y faire la part de la chance et du sort.»

Le 27 décembre 1941, les commandos britanniques, à bord de leurs LCA, s'approchent de Vaagsö. [IWM]

entraînée et bien exercée, elle comprenait en outre un important noyau de vétérans des raids, endurcis au combat.

Le matelot de deuxième classe Kirby a certainement eu vent de ce raid, et de quelques autres (car il arrive aux jeunes marins de se montrer bavards), mais il n'en fait pas mention dans son récit.

Peu après minuit, la lune a plongé sous l'horizon, et, bien que la nuit soit claire, il fait tout à fait noir. Soudain, droit devant nous, une lumière se met à clignoter à l'arrière de la R-84. Point, trait, trait, point : la lettre P en morse. Le sous-lieutenant Leach l'a vue en même temps que moi, et, avant que j'aie pu dire un mot, il me prévient qu'il s'agit du signal indiquant qu'il est temps de refaire le plein... Je coupe les gaz, et notre péniche parcourt encore une certaine distance sur son erre avant de s'arrêter. Quel soulagement de ne plus entendre ce moteur. Tous les Camerons poussent de vives exclamations de joie, et ils font quelques mouvements pour soulager leurs muscles courbaturés et leurs articulations endolories.

Hopper et moi sautons sur le pont supérieur, détachons les nourrices et commençons à les vider dans les deux réservoirs à carburant, à l'arrière. Soudain, une petite lueur vacillante s'allume à l'intérieur de la péniche, comme si quelqu'un essayait d'allumer une cigarette. Je m'écrie à tue-tête : "Bon Dieu, éteignez ça! On est en train de verser de l'essence, ici, et les vapeurs vont descendre droit dans le fond du bateau. Voulez-vous mourir avant

même de toucher la plage?" En prononçant ces mots, je croyais pourtant encore que nous allions participer à un exercice, et je n'avais pas la moindre idée de notre destination finale.

Après le raid de Vaagsö, on procède, le 28 mars 1942, à Saint-Nazaire, sur le littoral atlantique de la France, à une opération un peu inhabituelle qui recevra une vaste publicité. On lance alors, contre les portes du plus grand bassin de radoub d'Europe, un destroyer d'un modèle ancien, le HMS *Campbeltown*, dont on a bourré l'avant d'explosifs brisants. On le fait ensuite éclater, simultanément avec la station de pompage qui sert à assécher le bassin. On espère rendre ainsi la station et le bassin inutilisables pour toute la durée de la guerre, de sorte que l'opération est considérée comme un succès, bien qu'elle n'ait atteint aucun de ses buts secondaires.

Le plan comporte une attaque aérienne complémentaire par 60 bombardiers, destinée à distraire les défenseurs. Son exécution dépend toutefois d'une bonne visibilité au-dessus de l'objectif, pour essayer de nuire le moins possible aux civils français. Malheureusement, cette nuit-là, de lourds nuages recouvrent Saint-Nazaire, et seuls quatre équipages tentent de bombarder la ville, en s'y prenant d'ailleurs trop tôt : « peu après, le bruit des avions s'est complètement évanoui », racontera un officier de commandos à bord du *Campbeltown*, qui pénètre alors tout juste dans l'estuaire de la Loire, « et, un par un, les projecteurs se sont éteints devant nous, replongeant le littoral dans l'obscurité ». La coordination des bombardements aériens avec les opérations

Un opérateur de TSF des
commandos s'élance sur le rivage
aux premières lueurs de l'aube.
À Vaagsö comme à Dieppe, les
soldats portant sur le dos un poste
de radio seront les cibles préférées
des tireurs d'élite allemands.
[IWM]

Une huilerie de poisson enflammée,
un bateau de pêche et des
commandos aux aguets composent
un tableau spectaculaire, à Vaagsö,
le 27 décembre 1941. [IWM]

de surface est un problème qui tourmentera les états-majors de l'air et de la terre jusqu'à la fin de la guerre.

Le bilan de Saint-Nazaire est très sombre : Près de 80% des 268 commandos et plus de la moitié des 353 marins qui ont quitté Falmouth ne sont pas revenus. C'est là le sort qui aurait pu échoir à Albert Kirby, mais que le destin lui épargnera...

On peut poser comme règle empirique que le degré de succès des raids semble avoir été proportionnel à la distance séparant chaque objectif de la portion critique du littoral français s'étendant entre Boulogne et les îles anglo-normandes, bien qu'il existe d'éclatantes exceptions, tel le raid de Bruneval, du 27 au 28 février 1942, visant à obtenir des renseignements sur la technologie radar allemande. Un raid organisé en avril 1942, l'opération ABERCROMBIE, auquel participent des troupes canadiennes, illustre parfaitement cette relation entre la position et le succès ou — en l'occurrence — l'échec.

Cinquante hommes du *Carleton and York Regiment*, accompagnés d'un nombre d'hommes passablement plus élevé puisés dans le Commando N° 4 de lord Lovat, partent « effectuer un débarquement sur la côte française à l'abri de l'obscurité, reconnaître les défenses militaires et les plages nord et sud de Hardelot [juste au sud de Boulogne], attaquer et détruire un poste de projecteurs, et revenir avec des prisonniers et toutes les informations qu'ils peuvent obtenir ». Les commandos doivent descendre au nord de Hardelot, les Canadiens au sud.

À en juger par les résultats de l'opération ABERCROMBIE, près de deux ans d'expérience et plus de 50 excursions semblables n'ont pas rendu les attaquants beaucoup plus compétents qu'ils ne l'étaient en 1940. Les hommes de Lovat débarquent — à un mauvais endroit — et s'enfoncent dans l'obscurité au pas de gymnastique pour repérer et attaquer la batterie de projecteurs. « Il a toutefois fallu tirer la fusée de rappel avant que l'assaut du poste de projecteurs ait pu avoir lieu. L'ennemi occupant les défenses de la plage s'est immédiatement enfui; on n'a donc pu faire aucun prisonnier. »

Quant aux trois bateaux de Canadiens, ils n'atteindront même pas le rivage. Deux des équipages de la RN perdront le contact avec le troisième, et aucun ne réussira à trouver le lieu de débarquement qui lui avait été assigné. En pleine recherche de la position stratégique, ils aperçoivent le signal de rappel, et les trois bateaux retournent à Douvres, séparément. « On doute que les Allemands les aient réellement aperçus, écrit C.P. Stacey; et, même si le détachement attira le feu des mitrailleuses, personne n'a été touché. »

À bord de la R-135, le commandant du peloton de Camerons entreprend de rappeler à ses hommes les points marquants d'un briefing qui s'était tenu antérieurement. « Nous prévoyons que la plage sera fortement défendue. Nous devrons donc franchir le plus rapidement possible neuf ou 18 mètres de terrain caillouteux pour atteindre une digue, notre premier abri. Une fois abrités derrière cette digue, nous organiserons nos sections pendant que le Peloton N° 1 partira à la recherche de la brèche... qu'auront laissée les

*La ville de Dieppe avant la guerre,
photographiée depuis le
promontoire à l'ouest. Des
estivants se pressent sur la grève
qui formera, en 1942, les plages
Rouge et Blanche. Le casino est ce
grand édifice blanc occupant le
centre de l'image, en haut. [MDN]*

South Saskatchewans. Nous devrons absolument franchir cette brèche à l'instant même où nous la trouverons, car elle deviendra immédiatement un objectif de choix pour le feu des mitrailleuses. »

Pendant que je l'écoute essayer de se faire entendre malgré le bruit du moteur, un frisson commence lentement à s'emparer de moi, à mesure que j'assimile lentement le fait que nous sommes réellement sur le point de débarquer en territoire ennemi. Pis encore, le South Saskatchewan Regiment va débarquer devant nous, de sorte que les défenses seront déjà en action au moment où nous toucherons la plage.

Après avoir essayé durant quelques minutes de tout rationaliser dans mon esprit, je me tourne vers le soldat qui se trouve à côté de moi, et je lui demande : « Au fait, où allons-nous exactement? » Un peu alarmé, il rétorque : « Vous ne savez pas? Vous êtes pourtant censé nous y mener. Bon Dieu, si vous, vous l'ignorez, comment imaginez-vous qu'on va se rendre? »

« Je n'ai pas besoin de le savoir pour me rendre, répliquai-je. Je me contente de suivre le bateau qui est devant moi. Ne vous en faites pas pour ça, soldat, on va vous amener là-bas à l'heure et au bon endroit. Simplement, je suis curieux de savoir où c'est. »

« C'est une ville côtière nommée Deepy*, répond-il de bonne grâce, quelque part en France. »

---

* Le soldat prononce Dieppe comme il le ferait d'un nom anglais, et Kirby le transcrit comme il l'a compris. (N.D.T.)

CHAPITRE II

CHAPITRE II

PLANIFICATION ET PRÉPARATION : L'OPÉRATION RUTTER

L'idée d'un raid vraiment important — du genre de celui de Vaagsö, mais d'une plus grande envergure — est dans l'air depuis longtemps. Dès le 23 juin 1941 (lendemain de l'invasion de l'Union soviétique par les Allemands), Churchill suggère de mener un tel raid contre le Pas-de-Calais. Il propose vaguement « quelque chose de l'ordre de 25 000 à 30 000 hommes — peut-être les commandos, avec l'une des divisions canadiennes ».

Ses chefs d'état-major rejettent immédiatement cette idée, mais, quatre mois plus tard seulement, le 18 octobre, ils autorisent le commandant en chef de l'armée territoriale à conduire une série d'opérations offensives, depuis les « petits raids d'information » aux « opérations d'envergure sur le continent ». Entre ces deux catégories extrêmes se placent « de grands raids d'information et de destruction, d'une durée pouvant atteindre 2 nuits et un jour », et, même, des raids effectués par « une ou deux divisions ».

Il va de soi que cette autorisation n'est rien de plus, en fait, qu'une permission généralisée, bien éloignée de l'approbation expresse des chefs d'état-major qu'exigerait un grand raid. C'est l'époque où on commence à juger important d'augmenter l'ampleur et la complexité des raids. Vaagsö a été la première des tentatives de Mountbatten — suivie de l'attaque inusitée contre Saint-Nazaire — et, au début de mars 1942, on

propose l'idée d'un raid plus important contre Aurigny, la troisième en importance des îles anglo-normandes habitées, qui est aussi la plus proche de la Grande-Bretagne[*].

On dispose alors des premières péniches de débarquement de chars, ou LCT, capables de transporter trois des nouveaux chars Churchill, de sorte qu'on peut doter le corps expéditionnaire de blindés. En avril, un groupe de quelque 2 000 hommes, composé de fantassins britanniques et de commandos, ainsi que de deux escadrons de Churchill, se rassemblent dans l'île de Wight et commencent à s'entraîner pour préparer l'attaque contre Aurigny, à laquelle on a donné le nom de code BLAZING. L'opération est toutefois annulée le 6 mai, en raison de « divergences d'opinion » qui ont surgi entre les commandants des forces aérienne et terrestre.

Cependant, on a maintenant d'autres raisons de pratiquer des raids de grande envergure, outre celles qu'a esquissées Churchill en 1940. Au début de février 1942, à la grande consternation du premier ministre (sans parler de celle du Parlement et de la population), les croiseurs de bataille allemands de Brest, le *Scharnhorst* et le *Gneisenau*, accompagnés du croiseur lourd

---

[*] Les îles anglo-normandes — essentiellement Jersey, Guernesey, Aurigny et Sercq — n'ont jamais cessé de faire partie du territoire britannique depuis le XIIIe siècle. Ce sont les seules parties du Royaume-Uni à avoir été occupées par l'ennemi pendant la Seconde Guerre mondiale.

Prinz Eugen, se sont faufilés à travers la Manche dans la mer du Nord, d'où (avec le cuirassé *Tirpitz*, déjà amarré dans un fjord norvégien) ils ont menacé les routes vitales de convoi vers la Russie. Sur le front oriental, les Russes ont dû interrompre une pénible contre-offensive d'hiver qui n'a pas eu de grands résultats, et la *Wehrmacht* se prépare à livrer une autre *Blitzkrieg* aussitôt que le sol aura séché. Il est arrivé pire encore en Extrême-Orient — dans les Philippines, en Malaisie, dans les Indes orientales néerlandaises et en Birmanie — mais les événements qui s'y sont déroulés ont eu peu de conséquences sur la conduite des raids.

La question de savoir si les Russes pourront tenir bon sans un second front à l'ouest est une des premières préoccupations anglo-américaines, car l'attitude de Staline, méfiant, laisse redouter le pire. En effet, le 23 février, il déclare publiquement que « l'Armée rouge n'a aucune intention d'exterminer la nation allemande ni de détruire l'État allemand ». Il n'est pas difficile de percevoir dans ces mots la possibilité d'une paix de compromis dans le cas où ses alliés ne supporteraient pas ce qu'il considère comme une juste part du fardeau commun.

C'est pourquoi les dirigeants et les chefs militaires anglo-américains s'inquiètent de devoir éventuellement apporter leur appui aux Russes en créant un deuxième front en France, dans le Pas-de-Calais ou dans la péninsule de Cherbourg. Cette perspective ne réjouit vraiment personne, mais les chefs d'état-major reconnaissent que, si la situation russe s'aggrave trop, « nous pourrons y être obligés et, quoi qu'il advienne, nous devons nous y préparer ».

S'il faut établir cette tête de pont en 1942, le gros de l'opération (provisoirement baptisée SLEDGEHAMMER) reposera sur les Britanniques, car les Américains — en guerre depuis moins de cinq mois — sont encore bien assez occupés par l'expansion de leurs cadres d'instruction et par l'entraînement de leurs premiers contingents. Cependant, Churchill et sir Alan Brooke, chef de l'état-major général impérial, éprouvent des doutes croissants sur l'aptitude de l'armée de terre britannique à livrer des combats de grande envergure. Celle-ci ne manque pas d'excuses, qu'elle ne se fait d'ailleurs pas faute de fournir, mais, en Norvège, en France, en Grèce et en Crète, ses troupes se sont fait battre à plates coutures, et souvent par des forces inférieures en effectifs. Même dans le désert occidental, où, de manière générale, les Britanniques jouissent d'avantages considérables sur les plans du renseignement, du matériel et de la logistique, ils obtiennent des résultats pour le moins inégaux. Les soldats britanniques sauront-ils s'emparer d'une tête de pont importante et la défendre malgré des contre-attaques menées avec détermination?

Une limitation plus concrète imposée à SLEDGEHAMMER a trait à la logistique. Les états-majors de planification sont très sceptiques quant à la possibilité de prendre un port — même un port modeste — sans que les combats ou des destructions occasionnées par l'ennemi l'obstruent et détruisent ses installations. De plus, en ce printemps de 1942, on ne dispose pas, et on ne prévoit pas non plus disposer pendant l'été, d'un nombre suffisant de péniches de débarquement spécialisées pour ravitailler une force importante durant un intervalle de

Le vice-amiral lord Louis Mountbatten, qu'on a décrit comme un seigneur de la guerre «sans faiblesse, sauf une inaptitude absolue à jauger les hommes, qu'il s'agisse de ses familiers ou de ses subordonnés», interroge un soldat alors qu'il passe en revue des Canadiens, en 1942, dans un centre d'entraînement des Opérations combinées. [IWM]

Le chef de l'état-major général impérial, le maréchal sir Alan Brooke, adresse au premier lord de l'Amirauté, A.V. Alexander, une remarque que celui-ci accueille froidement. [IWM]

temps appréciable, sur des plages découvertes.

Une telle aventure exigerait l'utilisation de ce que la Royal Navy qualifie de péniches de débarquement de véhicules mécanisés (LCM), pouvant transporter jusqu'à 15 400 kilos de fournitures, de péniches de débarquement d'assaut (LCA) — les successeurs blindés de la LCP(L) — ainsi que des LCT. Ces trois types de péniches (et plusieurs variantes de chacune d'elles) sont à cette époque en cours de construction, tant en Grande-Bretagne qu'aux États-Unis, mais, si l'on tient à ce que la production nord-américaine d'aliments, de pétrole et d'armement puisse continuer à atteindre la Grande-Bretagne et la Russie, la priorité, dans le monde de la construction navale, doit aller aux escorteurs de convois.

Bien sûr, si l'on pouvait s'emparer d'un port dont les principales installations seraient intactes, la pénurie de péniches de débarquement n'atteindrait pas un seuil critique. Il reste à savoir si cela est possible, et un raid rapide pourrait fournir la réponse à cette question. C'est probablement cette perspective qui amène l'état-major de Mountbatten à envisager l'éventualité d'un raid sur Dieppe.

Le choix de Dieppe semble avoir reposé sur la dimension du port, la puissance présumée de ses défenses et, surtout, sa distance par rapport à l'Angleterre. Il n'est pas aussi puissamment défendu que Boulogne ou Calais, et 113 kilomètres seulement le séparent de la côte anglaise, ce qui permettrait d'assurer une couverture de chasse efficace.

Dans un récit concernant le processus de planification, qui fut rédigé quelques mois après le raid, on affirme qu'il existait, à l'origine, deux avant-projets distincts. L'un envisageait un assaut de front combiné à des attaques subsidiaires à Puys et à Pourville, de part et d'autre de la ville, tandis que l'autre proposait de limiter l'opération à des attaques de flanc. On débarquerait l'infanterie à Puys et à Pourville, et les chars à Quiberville, à 10 kilomètres à l'ouest.

Les deux scénarios prévoyaient de charger des parachutistes de la neutralisation des batteries de défense côtière de Berneval (trois pièces de 170 millimètres et quatre de 105 millimètres) et de Varengeville (six pièces de 150 millimètres), qui, autrement, seraient en mesure de bombarder les zones de débarquement. Les deux plans reposaient sur le principe d'un raid « de deux marées », dont la durée pouvait atteindre 15 heures.

Par la suite, c'est la première idée qui fut retenue dans l'avant-projet, car « tout bien considéré, il y avait des avantages à prendre la ville par un assaut de front ». Les débarquements de flanc, soutient-on, « compliqueraient la réalisation d'une attaque-surprise contre la ville », et, si on débarquait les chars à Quiberville, il « leur faudrait franchir trois fleuves » pour atteindre Dieppe. En fait, il n'y a que deux fleuves à traverser, la Saône et la Scie, et c'est avec raison que l'historien français Jacques Mordal les décrit plutôt comme des ruisseaux, « qui n'ont pas 10 mètres de largeur et un mètre de profondeur ».

« En tout cas, posez la question à tous les habitants de la région, et demandez-leur ce qui leur paraît le plus difficile, de

Dans le cadre de leurs préparatifs du raid sur Dieppe, des hommes de l'Essex Scottish *apprennent des techniques de nettoyage de maison en s'exerçant sur une grange anglaise. Ils seront peu nombreux, le 19 août 1942, à pouvoir mettre en pratique leurs nouveaux talents.* [ANC]

Par une journée grise d'hiver, des soldats canadiens se livrent à des exercices de «feu et mouvement» au pied d'une pente boisée. Fait étonnant, bien qu'équipés de la tenue de combat, ils ne portent pas de casque. [ANC]

débarquer des tanks sur une plage défendue comme celle de Dieppe, ou de traverser la Saône et la Scie, la réponse ne fait aucun doute.

Plus tard, après l'affaire de Dieppe, les Allemands inonderont les vallées en relevant les vannes de retenues installées aux points où ces petits cours d'eau passent sous la digue du front de mer. En 1942, ils n'avaient pas encore songé à prendre cette précaution... Les ponts n'étaient d'ailleurs pas minés, et, si l'on débarquait par surprise, ils étaient tout aussi faciles à prendre [pour l'infanterie qui accompagnerait les chars] que tous les autres points de la route qui passe tout près de la plage.

Pendant un certain temps, l'idée fut retenue de débarquer un escadron de chars à l'est de la Scie, à Pourville, où une courte plage séparait l'embouchure du fleuve et la falaise du cap à l'ouest de Dieppe, mais, le 21 avril, on abandonne cette possibilité. « Quelqu'un » ayant décidé qu'un assaut principal de front contre la ville par deux bataillons d'infanterie et un régiment de chars serait précédé d'un puissant bombardement aérien. (Ce « quelqu'un » était probablement le lieutenant général sir Bernard Montgomery, qui, ainsi qu'on le verra plus loin, semble s'être intégré à la chaîne de commandement de RUTTER le jour précédent.)

Beaucoup de facteurs dépendront de la création d'un certain effet de surprise et des crochets rapides qu'effectueront à partir de Puys et de Pourville les deux bataillons chargés de « mettre la main » sur les promontoires qui flanquent la ville. Le promontoire à l'ouest supporte une station radar allemande qui constitue l'un des principaux objectifs du raid. En outre, un cinquième du bataillon débarquera à Pourville pour s'enfoncer vers l'intérieur et, après avoir effectué sa jonction avec les chars ayant traversé la ville, s'emparera du quartier général divisionnaire de l'ennemi — qu'on croit, à tort, situé à Arques-la-Bataille, à six kilomètres plus à l'intérieur des terres — et de l'aérodrome de Saint-Aubin, sur les hauteurs qui s'élèvent immédiatement à l'ouest d'Arques. Cet aérodrome (il vaudrait peut-être mieux parler d'une piste de fortune), n'est qu'une escale pour les aéronefs de liaison, et convient manifestement assez mal à une quelconque opération aérienne. Nul n'a jamais expliqué pourquoi on a cru bon de le porter au nombre des 16 objectifs précisés.

Même à ce stade premier de la planification, l'absence de tout appui-feu naval est particulièrement remarquable. Mountbatten a demandé à l'Amirauté de fournir au raid l'appui d'un cuirassé. Étant donné qu'on consacre près de 600 Spitfire à la couverture aérienne et que l'ennemi dispose, au mieux, d'à peine 120 chasseurs pour assurer la protection de ses bombardiers ou de ses avions torpilleurs, l'élément aérien allemand présente probablement peu de danger.

Bien qu'on ait jugé le risque trop grand pour mettre en péril des bâtiments importants comme le *King George V* ou le *Duke of York*, on dispose du HMS *Malaya*, mouillé à Gibraltar. Ce navire datant de 1915 est trop lent (à 20 nœuds) pour participer aux opérations de la flotte, mais possède néanmoins huit pièces de 38,1 centimètres. La réponse du chef d'état-major de la marine, sir

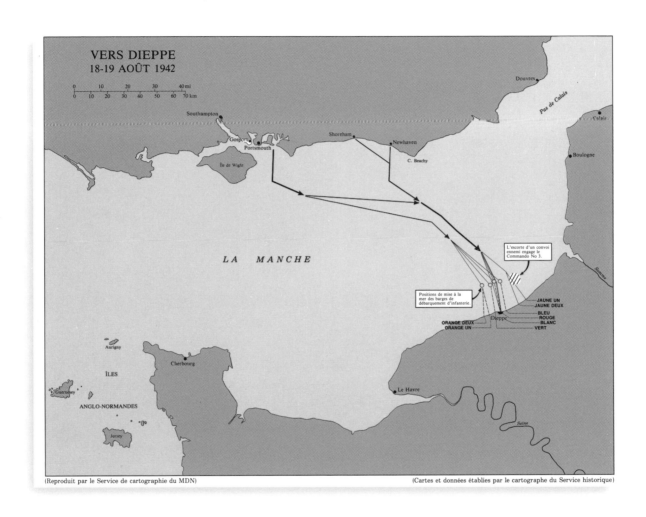

VERS DIEPPE
18-19 AOÛT 1942

LA MANCHE

ÎLES
ANGLO-NORMANDES

L'escorte d'un convoi ennemi engage le Commando No 3.

Positions de mise à la mer des barges de débarquement d'infanterie.

JAUNE UN
JAUNE DEUX
BLEU
ROUGE
BLANC
VERT
ORANGE DEUX
ORANGE UN
Dieppe

Southampton
Gosport
Portsmouth
Île de Wight
Shoreham
Newhaven
C. Beachy
Douvres
Pas de Calais
Calais
Boulogne
Somme
Le Havre
Seine
Cherbourg
Aurigny
Guernsey
Jersey

(Reproduit par le Service de cartographie du MDN)

(Cartes et données établies par le cartographe du Service historique)

39

Dudley Pound (qui se rappelle peut-être du sort qui échut au *Prince of Wales* et au *Repulse*, tout en oubliant qu'ils se firent surprendre sans la moindre couverture aérienne) est sans équivoque : « Un cuirassé dans la Manche? Tu dois être complètement cinglé, Dicky!* »

La marine possède aussi deux monitors à canons de 38,1 centimètres en service — de lents navires spécialisés en bombardement qui pourraient certainement faire l'affaire — mais qui sont tous deux en Extrême-Orient. D'autre part, elle est abondamment pourvue en croiseurs lourds, aux armes principales de 20,3 centimètres, en croiseurs plus légers (comme le *Kenya*, qui s'est montré très efficace à Vaagsö), aux pièces de 15,2 centimètres, et en destroyers d'escadre armés de 4,7. Toutefois, l'Amirauté semble peu désireuse de risquer davantage que huit destroyers escorteurs de la classe Hunt, armés de quatre pièces de 10 centimètres à tir vertical, qui pourront servir à la défense antiaérienne comme au bombardement.

---

* En septembre et en octobre 1940, on a fait appel au cuirassé Revenge pour bombarder le port de Cherbourg, et on a employé le monitor Erebus contre les batteries côtières du Pas-de-Calais. Quarante ans plus tard, le contre-amiral H.T. Baillie-Grohman, commandant de la force navale dans le cadre de RUTTER, expliquera à l'historien officiel de la Royal Navy que, lorsqu'il a demandé à Mountbatten «pourquoi nous ne pouvions pas avoir un croiseur», il s'est vu répondre : « C'était pour des raisons de propagande, et il y avait du W[inston] S[pencer] C[hurchill] là-dessous. » Même en 1962, il aura l'impression que «les Canadiens seraient furieux s'ils étaient au courant. Et je ne les en blâmerais pas. Vous conviendrez donc, j'imagine... que, même aujourd'hui, et même au nom de la vérité historique, il ne serait pas politique de divulguer la chose».

C'est là le maigre bilan de la participation navale sur laquelle on peut espérer. Au début, la force aérienne, à l'instigation de sir Charles Portal, chef de l'état-major aérien de la RAF, se montre plus coopérative. Depuis déjà plus d'un an, son Commandement de la chasse, sous la direction du maréchal de l'air sir Sholto Douglas, « s'avance au-dessus de la France », tentant d'amener la *Luftwaffe* à se battre dans des conditions avantageuses pour lui. Néanmoins, pendant toute cette période, les *Jagdflieger* n'ont relevé le gant que lorsque les circonstances leur convenaient. En définitive, le résultat consiste en un rapport de pertes d'environ 4 : 1 en faveur des Allemands dont la force aérienne demeure aussi puissante. Cependant, l'opération RUTTER offre la perspective d'*obliger* l'ennemi à combattre et de lui infliger des pertes importantes.

Afin de remplacer le croiseur manquant, sir Arthur Harris, du Commandement de bombardement, consent, de mauvaise grâce, à un raid aérien avant l'aube, auquel participeront quelque 120 bombardiers lourds. Théoriquement, ceux-ci devraient exercer des ravages dans les défenses et les transmissions allemandes, et réussiront éventuellement à dérouter l'ennemi sans lui révéler qu'un assaut amphibie doit suivre. Cinq escadrons de bombardiers légers (des Boston et des Blenheim) et deux escadrons de chasseurs-bombardiers (des Hurricane) attaqueront les batteries d'artillerie immédiatement avant le débarquement et durant la journée. En outre, ils répandront de la fumée lors de l'approche finale du rivage par les troupes. Pendant ce temps, 56 escadrons de chasseurs (48 de Spitfire, six de Hurricane et deux formés des

À gauche, le capitaine John Hughes-Hallett, DSO, le mauvais génie de Dieppe, photographié en décembre 1944, alors qu'il commande le HMS Eagle. [IWM]

nouveaux Hawker Typhoon) assureront des diversions, la protection contre la *Luftwaffe*, ainsi qu'un appui rapproché des forces au sol.

C'est au quartier général des Opérations combinées qu'incombe la planification des raids et les expériences sur la guerre amphibie, mais, ainsi qu'on l'a déjà signalé, une directive des chefs d'état-major a, en 1941, investi le commandant en chef de l'armée territoriale du pouvoir ultime d'y avoir recours. En 1942, ce poste est occupé par le général sir Bernard Paget, mais, le 21 mars, Mountbatten, qui, trois jours auparavant, a reçu le grade de vice-amiral et a été promu du poste de conseiller des Opérations combinées à celui de chef de ces dernières, promotion assortie d'un siège au Comité des chefs d'état-major, a persuadé Paget de lui déléguer ce pouvoir, sous réserve de faire participer aux grands raids une « juste proportion de l'armée territoriale ».

Cela signifie de toute évidence qu'il faudra encore faire participer l'armée territoriale au processus de planification, et tenir compte de ses opinions dans la mesure où on fera appel à ses soldats. Mais pourquoi Paget devrait-il abandonner le seul rôle offensif important de son commandement à ce parvenu de Mountbatten? Nigel Hamilton, biographe de Montgomery, suggérera que « la seule explication réside dans la personnalité de Mountbatten et ses hautes relations, tant dans la famille royale qu'auprès de Churchill ».

Quoi qu'il en soit, c'est maintenant essentiellement à Mountbatten qu'il appartient d'organiser le raid, mais il doit employer d'autres soldats que ceux des commandos, ne

serait-ce que pour respecter son entente avec Paget. Encore une fois, Paget délègue ses pouvoirs, mais, en conservant judicieusement la direction des opérations au sein de la « boutique » de l'armée territoriale. Il confie en effet les intérêts de cette dernière au chef de son commandement du Sud-Est, un officier grandement respecté pour sa conception professionnelle du métier des armes, mais unanimement détesté pour son attitude acerbe et bourrue.

Sir Bernard Montgomery, cette « habile petite merde », comme le décrit un officier, entre en fonction à son nouveau poste le 17 novembre 1941 et, depuis cette date, le Corps d'armée canadien est l'une des formations placées sous son commandement. Il est donc bien renseigné sur les forces et les faiblesses des Canadiens. De fait, il passe au peigne fin les cadres d'officiers supérieurs des divisions canadiennes, exigeant du lieutenant général H.D.G. Crerar, le commandant du Corps, qu'il se débarrasse des soldats trop vieux, ou inaptes au service[*].

Bien que l'on n'ait jamais rien eu à reprocher à ses compétences, le major général âgé de 62 ans, Victor Odlum, de la 2ᵉ Division, est du nombre des exclus. Son successeur sera John Hamilton Roberts, de 11 ans son cadet. Celui-ci, comme Crerar et le général A.G.L. McNaughton (qui, au retour de son congé de maladie, a pris le commandement de la 1ʳᵉ Armée canadienne au jour même de sa formation, le 5 avril

---

[*] Le lieutenant général A.G.L. McNaughton est commandant en titre du Corps jusqu'au 5 avril, mais il est en congé de maladie depuis le 14 novembre 1941.

Des Fusiliers Mont-Royal visant un ennemi fictif au sommet d'une falaise. Cette scène illustre bien l'irréalité d'une grande partie de l'entraînement. Ils sont munis de fusils à verrou Lee-Enfield, à peine différents de ceux que portaient leurs pères pour monter à l'assaut de la crête de Vimy. [ANC]

Image vivante d'un foudre de guerre qu'il n'a jamais été, le savant-général A.G.L. McNaughton évalue la pertinence d'une remarque exprimée par un commandant subalterne au cours d'une séance d'entraînement. [ANC]

43

1942) est artilleur de profession. Au cours de la Première Guerre mondiale, il a servi pendant trois ans à titre d'officier subalterne sur le front occidental, où il a été blessé et a reçu une Croix militaire (MC). Après une carrière parfaitement banale entre les deux guerres, il s'est élevé du commandement d'un régiment d'artillerie à celui d'une division d'infanterie en seulement 16 mois, sans jamais avoir détenu un commandement au combat.

Dans les brigades et les bataillons, on a aussi impitoyablement écarté, en faveur de jeunes soldats délurés qui n'ont jamais vu le feu, des officiers et des sous-officiers supérieurs, d'une forme physique indéniablement moins brillante que celle de leurs cadets, mais qui possédaient parfois une expérience du combat acquise au cours de la Première Guerre mondiale. Dans la 2e Division de Roberts, par exemple, les commandants des deux brigades qui iront à Dieppe sont Sherwood Lett, 46 ans (qui a aussi reçu une MC au cours de la Première Guerre mondiale) et William Southam, âgé de 41 ans. L'âge moyen des commandants de bataillon, à Dieppe, sera de 36 ans.

Le 20 avril, lors de sa visite au GQG de l'armée territoriale, Montgomery a apparemment reçu (bien qu'il n'en existe aucune preuve écrite) ce qui restait à Paget de responsabilités dans RUTTER. La décision d'un assaut de front a été prise le 21, et, à un moment incertain entre cette date et le 30, Montgomery rencontre Crerar et lui laisse entendre que les Canadiens pourraient bien jouer le rôle principal dans cette opération. Ce faisant, bien sûr, il court-circuite la chaîne naturelle du commandement. C'est en effet McNaughton qu'il aurait dû d'abord pressentir, en sa qualité de commandant d'armée et de plus haut gradé des officiers canadiens outre-mer. Mais il sait que Crerar tient obstinément à voir ses hommes prendre part aux combats dans n'importe quelles circonstances ou presque, alors que McNaughton, préoccupé par des considérations d'ordre national, préconise une attitude plus circonspecte, faisant écho au souci du premier ministre, Mackenzie King, d'éviter le gaspillage de vies canadiennes et de conserver ainsi la question de la conscription à l'écart de l'actualité politique.

Durant le même mois, Montgomery a eu l'occasion d'observer les Canadiens alors qu'ils se livraient à des exercices, il en a conclu que Roberts était « le meilleur commandant de division du Corps », et que son chef d'état-major, le lieutenant-colonel Churchill Mann, était « de première classe ». Il a déjà décidé, tirant les conclusions de ses inspections antérieures, que la 2e est maintenant la meilleure des divisions canadiennes, et que la 4e et la 6e Brigade sont indéniablement meilleures que la 5e. Il n'y a aucun doute qu'il n'ait fait la leçon à Crerar — très malléable entre ses mains, en ce qui concerne les questions d'ordre militaire — sur les formations à proposer pour le raid projeté.

Les raisons qui ont déterminé le choix du 14e Régiment de chars d'armée (*The Calgary Regiment*), de préférence au 11e (*The Ontario Regiment*) et au 12e (*Three Rivers Regiment*) sont moins claires. Elles sont peut-être tout bonnement, dans la meilleure tradition de la politique canadienne, d'ordre géographique : l'Ontario et le Québec étaient déjà représentés dans les éléments d'infanterie, alors que l'Alberta ne l'était pas. Peut-être aussi Montgomery ou Crerar ont-ils simplement estimé que c'était la mieux entraînée des trois unités de la brigade de chars d'armée. Le lieutenant-colonel J.C. Andrews est un soldat de 33 ans de l'armée régulière, diplômé du *Royal Military College*, généralement considéré comme un officier exceptionnel ayant amené son régiment à un niveau d'entraînement surpassant celui des autres.

McNaughton n'apprendra ce qui se passe que le 30 avril, lorsque Montgomery lui dit qu'on (vraisemblablement Mountbatten) l'a « pressé de donner son accord » à une force mixte britannico-canadienne, mais qu'il juge essentiel de préserver l'unité de commandement. À son avis, les Canadiens sont « les plus aptes » à la tâche. Ils sont certainement aussi capables que n'importe quelle division de l'armée territoriale. Les formations britanniques ayant pris part au combat en 1940 et encore disponibles au Royaume-Uni ne possèdent plus un effectif suffisant de vétérans pour pouvoir être qualifiées d'« endurcies au combat ». Parmi ceux qui sont allés tirer la queue d'un tigre métaphorique en Norvège ou aux Pays-Bas et en France, on en a trop envoyé, depuis, à des affectations lointaines. Ils peuvent maintenant observer de véritables tigres dans les jungles birmanes, ou des gerboises — rats du désert — en Afrique du Nord.

Lorsque l'on sait que les Canadiens ont énormément d'entraînement, mais que presque aucun d'entre ceux qui sont susceptibles d'aller se battre n'a d'expérience réelle du combat, on peut estimer que

McNaughton et Crerar font tout de même montre d'un peu trop d'empressement à se porter volontaires. Aux États-Unis, le chef d'état-major de l'armée de terre, le général George Marshall, s'inquiète de ce qui arrivera lorsque ses propres hommes devront aller au combat. En mai 1942, lorsqu'il donne ses instructions au colonel Lucian Truscott avant de l'affecter, avec un petit groupe d'officiers américains, au quartier général de Mountbatten, à Richmond Terrace, il lui explique que :

« ... rien ne saurait remplacer le combat réel pour préparer psychologiquement les hommes à affronter les tensions nerveuses et les incertitudes d'une bataille.

Il poursuit en m'expliquant que c'est d'abord et avant tout pour cette raison qu'il s'est entendu avec l'amiral Mountbatten pour envoyer mon groupe à Londres. On augmentera l'envergure et la fréquence... des raids jusqu'au moment de l'invasion, en donnant l'occasion au plus grand nombre possible de soldats américains de participer à ces opérations. Ma tâche consistera à organiser cette participation ainsi que la propagation de cette expérience du combat au sein des unités d'assaut. »

De telles pensées ne semblent pas avoir effleuré les esprits de Crerar ou de McNaughton. Ce dernier a approuvé des dispositions déjà prises et Churchill Mann a rapidement concocté la première évaluation canadienne du plan de Dieppe. Pesant le pour et le contre de celui-ci, ou plutôt de l'idée qu'il s'en fait, il conclut qu'il « semble avoir des chances raisonnables de succès » et se déclare « en faveur de l'adoption de l'avant-projet ».

Mann passe pour l'un des esprits les plus brillants de l'armée de terre canadienne. Marié à une fille du colonel R.S. McLaughlin (celui qui a donné son nom aux McLaughlin-Buick), c'est l'un de ces officiers précurseurs qui se sont livrés, avant la guerre, à des expériences sur la motorisation des troupes. S'il existe un Canadien capable de se rendre compte qu'il est irréaliste de vouloir faire circuler des chars dans les venelles d'une ville médiévale juste après son bombardement, au lieu de les déplacer en rase campagne et de leur faire traverser deux cours d'eau peu profonds, c'est sûrement celui-là. Effectivement, il a noté dans son évaluation qu'ils risquent de trouver le passage obstrué par des débris. Par contre, lui aussi considère l'attaque de front comme un avantage. « Si elle réussit, elle place les véhicules blindés de combat à bonne portée pour toucher les objectifs convenant le mieux à leur emploi. »

Roberts d'abord, puis Crerar et, enfin, McNaughton approuvent sa conclusion. Toutefois, il convient de ne pas oublier qu'en dépit de l'expérience des raids accumulée par le QG des Opérations combinées au cours des deux années précédentes, il n'existe toujours pas de doctrine officielle des opérations amphibies telle qu'on en possède pour d'autres aspects de la tactique, comme l'avance destinée à une prise de contact, l'attaque délibérée ou le repli des forces aux prises avec l'ennemi! La seule compétence dont on dispose est celle du QG des Opérations combinées, où règnent l'enthousiasme vibrant et les méthodes hâtives de Mountbatten; or, aucun Canadien ne possède la formation théorique ou l'expérience pratique qui pourraient lui donner le courage de proposer à cette

organisation de modifier ses plans, et encore moins de les rejeter.

D'autre part, tous ces hommes sont des ambitieux cherchant à rehausser leur réputation et à faire progresser leur carrière. À moins de pouvoir invoquer une extravagance ridicule et manifeste du plan, Mann, Roberts et Crerar commettraient un véritable suicide professionnel en refusant d'y participer. Quant à McNaughton, si la chose venait à s'ébruiter, elle nuirait à son image de marque. Au Canada, après trois années de guerre et de participation infime de l'armée de terre*, plus d'un politicien et d'un journaliste à l'affût n'attend qu'une occasion de sonner l'hallali. Aussi, le 15 mai, McNaughton envoie un câble à Ottawa.

« Le Comité des chefs d'état-major a approuvé l'avant-projet. Je suis convaincu que a) l'objectif en vaut la peine; b) les forces terrestres prévues sont suffisantes; c) les forces maritimes et aériennes sont assez considérables et d) les mesures de coopération sont satisfaisantes. J'ai donc accepté cet avant-projet et donné le feu vert à la planification détaillée. »

Le 9 mai, on a déjà nommé les commandants effectifs du raid : Roberts aux opérations terrestres, le vice-maréchal de l'air sir Trafford Leigh-Mallory, du Groupe N° 11 du Commandement de la chasse, aux opérations aériennes, et le contre-amiral H.T. Baillie-Grohman (l'expert de la marine en opérations amphibies, qu'on rappellera du Moyen-Orient pour l'occasion) aux opérations maritimes.

---

* À l'exception insigne de Hong-Kong, où le général-Crerar a également joué un rôle de premier plan.

Le lieutenant général Bernard Law Montgomery, officier général commandant le Commandement du Sud-Est, passe en revue le South Saskatchewan Regiment *le 22 février 1942. «Je suis convaincu que l'opération [JUBILEE] est réalisable selon le plan prévu et qu'elle offre de bonnes chances de succès...», écrira-t-il cinq mois plus tard, condamnant un grand nombre de ces hommes à la mort, à la mutilation ou à deux ans et demi de captivité. C'est lui qui choisira l'assaut de front à Dieppe. [ANC]*

47

La planification détaillée consiste en un partage précis des tâches. En ce qui concerne les Canadiens, les évaluations fournies par les spécialistes du renseignement « indiquent que Dieppe n'est pas puissamment défendue... » Elle a pour garnison « un bataillon d'infanterie... avec le soutien de quelque 500 membres des troupes divisionnaires et régimentaires. Le personnel des batteries de défense côtière et antiaérienne compte environ 1 500 hommes. »

« Trois troupes de quatre pièces sont situées à droite, à gauche et au centre, derrière la ville. Il y a peut-être trois troupes formant une batterie de canons de campagne ou d'obusiers...

Il n'y a d'infanterie d'aucun côté de la ville. Une troupe d'artillerie côtière est postée à l'est, et une à l'ouest. Chacune se trouve à quelque cinq kilomètres des défenses de la ville.

...Une compagnie de fantassins renforcée tient probablement la ville à l'est de l'Arques [y compris le cap à l'est de Dieppe et de Puys], une autre à l'ouest de l'Arques [y compris le cap à l'ouest de Dieppe] et une autre [à Pourville] aux environs de l'embouchure de la Scie.

Les blockhaus observés se répartissent donc selon la proportion 12:18:11, soit un total de 31 [sic]. Le bataillon possède en tout 48 mitrailleuses. »

L'arithmétique des blockhaus ennemis — une question absolument vitale pour l'infanterie d'assaut — illustre très bien la nature bâclée d'une grande partie du travail effectué au quartier général de Mountbatten. Son service de renseignements est dirigé par un lieutenant-colonel d'aviation, le marquis de Casa Maury, riche play-boy et pilote de course amateur avant la guerre, qui, si l'on

excepte une certaine facilité pour les langues, ne possède aucune qualification convenant au poste qu'il occupe. De l'avis général, Richmond Terrace, où est situé le QG des Opérations combinées, pullule d'individus du même acabit. « Shimi » Lovat, ce hardi combattant, qui a visité l'endroit pour y recevoir des instructions relatives à JUBILEE, racontera que c'est un « véritable essaim d'officiers supérieurs d'état-major ».

« Des couloirs bourdonnants d'activité que longent, comme autant d'alvéoles, des pièces occupées par toutes les armes connues, y compris la variété à houppette, élégante dans ses bas de soie, renforcent l'illusion d'une ruche. On prétend que les pensionnaires comprennent une proportion respectable de parasites. Ayant signé un laissez-passer, le visiteur qui a indiqué l'objet de sa visite est autorisé à s'asseoir dans un coin pour bavarder avec de jolies Wrens*, ou sur la terrasse lorsqu'il ne pleut pas... Comme port d'escale, les Opérations combinées ne sont pas très recherchées par l'officier combattant. »

Enfin, on estime que « dans un délai de trois à huit heures », la garnison de Dieppe pourrait recevoir en renfort « un bataillon venu du sud, un autre venu de l'ouest, deux compagnies venues du littoral et des troupes divisionnaires venues de la direction d'Arques = 2 500 hommes ». Après huit heures, il pourrait y avoir sur les lieux « deux bataillons et des troupes régimentaires venues

---

* Auxiliaires féminins de la marine. Ce nom, qui est en fait celui d'un oiseau (à savoir le troglodyte), résulte ici d'une corruption du sigle WRNS désignant le Women Royal Navy Service. (N.D.T.)

Les chars Churchill du Calgary Regiment *dans l'île de Wight, en juin 1942. Les Calgarys amèneront à Dieppe deux versions du Churchill, l'une pourvue d'un canon de deux sur une tourelle coulée d'une seule pièce, et l'autre d'un canon de six sur une tourelle formée de pièces soudées. Elles sont dotées d'un blindage qui résistera aux tirs allemands. [MDN]*

de Rouen, un bataillon venu de la direction d'Arques = 2 400 hommes ». Au bout de 15 heures — à un moment où les attaquants devraient s'être rembarqués — « des forces blindées venues de la direction de Paris » pourraient être en train d'arriver.

Des parachutistes anglais s'occuperont de museler les batteries d'artillerie côtière sur les deux flancs, à Berneval et à Varengeville. Le *Royal Regiment of Canada*, accompagné d'une compagnie du *Black Watch (Royal Highland Regiment) of Canada*, débarquera sur la plage Bleue (à Puys) pour s'emparer du promontoire de l'est, pendant que le *South Saskatchewan Regiment* débarquera sur la plage Verte (à Pourville) afin de prendre le promontoire de l'ouest et la crête basse et boisée qui s'enfonce vers l'intérieur, de l'autre côté de la vallée de la Scie. Ces deux assauts sont prévus pour « le début du crépuscule nautique » ou, en langage de terrien, pour ce moment précédant l'aube où, par une nuit claire et sans lune, on pourra voir encore les étoiles et commencer à peine à distinguer l'horizon.

Après les South Saskatchewans (à la consternation du matelot de deuxième classe Kirby), ce sera au tour du *Queen's Own Cameron Highlanders* de débarquer. Ce dernier doit remonter la vallée pour prendre la piste d'envol de Saint-Aubin et le quartier général divisionnaire, qu'on croit situé à Arques.

En face de Dieppe, *une heure après les attaques de flanc* — les forces de flanc devraient alors s'être emparées des deux promontoires — l'*Essex Scottish* débarquera sur la gauche (plage Blanche) et le *Royal Hamilton Light Infantry* sur la droite (plage Rouge), tous deux secondés par le 14ᵉ Régiment de chars d'armée canadien (*Calgary Regiment*). En réserve, les Fusiliers Mont-Royal et le commando des Royal Marines, qui a pour tâche de rassembler les péniches d'invasion dans le port, de les ramener en Angleterre si cela est possible, et de les détruire dans le cas contraire.

On a réparti entre tous ces corps, mais en les concentrant sur les plages Rouge et Blanche, sept officiers et 307 militaires du rang du Génie royal canadien (la plupart d'entre eux ont été affectés à des tâches de destruction), ainsi que 14 officiers et 256 militaires du rang de l'Artillerie royale canadienne, dont on a enseigné à certains la façon d'utiliser les pièces enlevées à l'ennemi.

Un certain nombre de groupes de moindre importance participeront également à l'opération. Il y aura 10 officiers et 116 militaires du rang du Corps de santé royal canadien, cinq officiers et 120 militaires du rang du *Toronto Scottish* (des spécialistes équipés de mitrailleuses moyennes à chargement par bande), 40 hommes du Corps de prévôté canadien, ainsi que des détachements des services de l'intendance, du matériel et des renseignements, sans compter « divers petits détachements et unités » et quelques braves du commando interallié — en majorité des germanophones de naissance, qui ont pour mission de recueillir des renseignements techniques.

Cinquante rangers de l'armée de terre américaine — des commandos américains — premiers fruits de la mission de Lucian

Truscott, seront répartis dans l'ensemble des troupes (y compris les deux commandos qui ont pour mission de s'emparer des batteries côtières lourdes sur les flancs). Enfin, et surtout, un technicien de la RAF, le sergent de section Jack Nissenthal, aura pour seul objectif les appareils radar qui se trouvent sur le promontoire d'aval. Les South Saskatchewans qui l'escorteront ont reçu pour instruction de s'assurer qu'il ne tombe en aucun cas aux mains de l'ennemi!

Le 20 mai, la force canadienne au grand complet se trouve sur l'île de Wight, où l'on veille à la sécurité en contrôlant toutes les communications avec la Grande-Bretagne (bien qu'aucun des participants ne connaisse sa destination, ni la date de son intervention). Bien que tous les hommes soient déjà en excellente forme, on attache une importance particulière à leur condition physique, car rien n'est plus épuisant que la peur; or, au combat, n'importe quel homme normal la connaîtra. Le commandant de la 4e Brigade, Sherwood Lett, soldat de la Première Guerre mondiale, lauréat d'une bourse Rhodes et avocat en temps de paix, a résumé ce point de vue dans une lettre émouvante à sa femme. D'autant plus émouvante lorsqu'on connaît le sort qui attend les combattants huit semaines plus tard.

Les hommes sont très emballés, très enthousiastes. Les nouvelles périodes d'entraînement vont de 7 à 12 heures et de 13 à 17 heures, sans compter trois ou quatre soirs par semaine. J'ai passé dehors toutes mes journées, et toutes mes soirées, sauf une, à observer chaque bataillon, jusqu'aux compagnies, deux fois par jour... Les journées sont donc longues, car il faut généralement continuer à travailler le soir, pour surveiller l'entraînement nocturne ou préparer de nouveaux programmes...

Je m'étonne sans cesse de ce que nos hommes arrivent à réaliser. Rien ne leur semble impossible, maintenant. Cette semaine, je les ai regardés durant des heures faire des choses qu'eux-mêmes auraient crues impossibles il y a à peine six ou huit mois. Ils sont en parfaite condition physique, et font leur travail avec compétence... Ils sont trempés jusqu'aux os, couverts de boue, et pourtant, on peut les voir s'avancer en sifflant le long des routes étroites, courant des kilomètres et des kilomètres sous une pluie battante.

Chaque fois que je vois marcher des hommes, j'ai la gorge qui se serre. Après toutes ces années, on pourrait croire que j'arrive à surmonter ce sentiment, mais je n'y suis jamais parvenu. Lorsque je regarde défiler un millier d'hommes, je vois toujours leurs visages et leurs yeux, leurs vêtements et leurs chaussures, leurs armes et la manière dont ils se tiennent, et tout ce que doit voir un officier responsable de l'inspection, mais, chaque fois, je vois aussi un millier d'épouses, de mères, de pères, de petites amies et de mioches, criant et agitant la main...

Un millier d'hommes en marche représentent tant : tant de gens et tant de choses. En outre, ils me rappellent inévitablement la dernière guerre, lorsque nous défilions devant Currie, Byng ou Rawlinson... Nos hommes marchaient toujours avec tant de confiance et d'assurance. Et ils en font

autant aujourd'hui. Qu'ils sont
magnifiques, tous autant qu'ils sont...

L'entraînement se poursuit — sans qu'on cite de noms ou de lieux — en vue de fonctions caractéristiques aux raids, dont certaines sont utiles, et d'autres non. À cet égard, l'expérience des Royals est probablement typique.

Pendant les semaines qui suivent, ils sont occupés à faire des parcours du combattant, à se battre à la baïonnette ou à mains nues, à escalader des falaises, à tirer de la hanche, à monter et à descendre des péniches de débarquement, à s'exercer aux techniques de destruction et à traverser des cours d'eau en bouées culottes...

Au cours du mois de juin, le rythme de l'entraînement s'accélère. On organise des attaques en coopération avec des chars; tous les hommes, quel que soit leur grade, apprennent à nager tout habillés; on leur donne de l'instruction sur les grenades, les pistolets-mitrailleurs et le transport improvisé des blessés; ils pratiquent la marche rapide et la marche de nuit à la boussole. Le premier juin, le régiment se rend à pied jusqu'à Yarmouth, monte à bord des péniches de débarquement pour se rendre jusqu'à Colwell Bay [toujours sur l'île de Wight], débarque en deux vagues, puis se retire de nouveau à l'abri d'un écran de fumée.

Les South Saskatchewans se souviendront tout particulièrement de s'être exercés à « ouvrir une brèche dans les obstacles de barbelés » au moyen de charges Bangalore, des bouts de tuyau remplis d'explosif, qu'on peut enfoncer dans les spirales de barbelés, puis faire exploser pour créer des trous qui permettront le passage aux hommes. Cependant, aucune histoire régimentaire, ni aucun des mémoires que l'auteur a consultés, ne mentionne qu'on leur ait inculqué la tactique dont les commandos savent déjà qu'elle est la plus importante à retenir lorsqu'on effectue un raid : quitter la plage le plus rapidement possible, quel qu'en soit le prix immédiat. « Algy Forrester fonce comme une fusée... », avait noté Durnford-Slater à Vaagsö.

Pendant que les soldats combattants s'entraînent, les commandants et les officiers d'état-major planifient, mais étrangement, Montgomery ne semble manifester qu'un intérêt limité pour les événements. Bien sûr, il est subordonné, en grade et en titre, à Mountbatten, pour lequel il n'éprouve aucun respect professionnel (ni, probablement, de respect personnel). Aussi, lorsqu'il a choisi les troupes et prescrit un assaut de front, il est possible que son extraordinaire vanité l'incline à se dissocier le plus possible de tout autre aspect du raid.

En fait, lui seul espère peut-être, de quelque manière obscure, que le raid puisse échouer. S'il avait pu alors jeter le blâme sur Mountbatten, il aurait abaissé un homme qui, dans la rigidité de son optique professionnelle, méritait probablement une telle fin. La seule réunion du comité de planification à laquelle il assiste personnellement — au lieu de s'y faire représenter — est celle qu'il préside, le 5 juin, en l'absence de Mountbatten, qui est alors aux États-Unis en compagnie d'Hugues-Hallett, son acolyte, en train d'expliquer à Roosevelt et au général

Les chars Churchill, alignés avant un exercice d'entraînement, en juin 1942. L'opération JUBILEE sera l'occasion de se servir pour la première fois de véhicules blindés de combat dans une opération amphibie. [ANC]

Marshall pourquoi les Britanniques sont d'avis qu'un second front est impraticable.

D'autre part, Baillie-Grohman est arrivé du Moyen-Orient, et les commandants des trois forces sont présents lorsqu'on élimine du plan détaillé le bombardement aérien lourd projeté. C'est Leigh-Mallory qui suggère de prendre cette décision, mais, ainsi qu'on le verra, il est peu probable que l'idée vienne de lui. Apparemment, Baillie-Grohman, l'expert confirmé, demeure coi. En fait, 20 ans plus tard, il avouera dans une lettre à l'historien officiel de la Royal Navy, le capitaine S.W. Roskill, qu'il ne se rappelle seulement pas avoir assisté à la réunion. « Si elle a eu lieu, je dois y avoir été, mais je n'en ai plus le moindre souvenir... J'imagine que je suis parti en faisant quantité de réserves. »

Il poursuit en expliquant que la raison essentielle « pour laquelle je n'ai pas fait plus d'histoires [quant à l'abolition du bombardement lourd] résidait dans un message reçu à Cowes peu après le 1er juin, et dont voici la teneur : « Le bombardement aérien lourd de Dieppe qui devait faciliter le débarquement à cet endroit est annulé, car il n'entre pas dans la politique du gouvernement de Sa Majesté d'endommager les villes françaises (la nuit?). » En effet, au cours de la réunion précédente, à laquelle assistait Mountbatten, on avait discuté de la possibilité d'abandonner le bombardement. C'est à contrecœur que Churchill, soucieux de se ménager les bonnes grâces des Français, avait autorisé le bombardement, et il est parfaitement possible qu'il ait retiré son autorisation après mûre réflexion. Toutefois, aucun exemplaire du message ne semble avoir survécu au temps.

En octobre 1942, Roberts observera, dans une lettre au major général P.J. Montague, au quartier général d'outre-mer, que son assentiment avait reposé sur la conviction, fraîchement acquise, qu'un tel bombardement pourrait rendre les rues de la ville impraticables pour les blindés. Mais, s'il faut renoncer au bombardement aérien, par quoi comptera-t-on le remplacer? « On a convenu que, pendant que la première vague de péniches de débarquement approcherait de la rive, des chasseurs armés de canons attaqueraient les défenses des plages et les hauteurs qui flanquent Dieppe. »

Montgomery semble avoir toujours été parfaitement indifférent à l'absence manifeste d'appui-feu. Pourtant, en homme dont la vérité ne saurait ternir l'image, il niera catégoriquement toute responsabilité, dans ses *Mémoires*, où il laisse entendre que le programme de bombardement, à l'instar des assauts de parachutistes, n'a été éliminé qu'une fois le raid réorganisé pour former l'opération JUBILEE, alors que lui-même aura quitté la scène. « Je n'aurais certainement pas été d'accord avec aucune de ces modifications, écrit-il. La démoralisation des forces ennemies par un bombardement préliminaire était essentielle (comme ce fut le cas en Normandie, en 1944) juste avant que les troupes abordent les plages. »

Devant un mensonge aussi flagrant, l'historien candide ne peut que répéter (tout en observant que, durant le Jour J, le bombardement lourd préliminaire des plages s'avérera relativement inefficace) que Montgomery était bel et bien présent lorsque le programme de bombardement fut abandonné, et que, selon le procès-verbal, il

L'un des cinq chars équipés de
tapis d'assaut, peu avant
l'opération JUBILEE. [MDN]

n'a soulevé aucune objection. En effet, s'il avait exprimé sa désapprobation, elle y aurait très certainement figuré par écrit.

L'entraînement approche de son apogée. Le 12 juin, les troupes s'embarquent au grand complet pour l'exercice YUKON, une répétition en vraie grandeur à West Bay, près de Bridport, dans le Dorset. Elle se déroule en présence des généraux Paget, McNaughton et Crerar sur une bande de littoral ressemblant à celui de Dieppe. Le résultat est un parfait gâchis. On débarque les unités d'infanterie à des kilomètres des plages qui leur sont assignées, et les Calgarys atteignent leur destination avec plus d'une heure de retard.

On finit par débarquer les chars sur une rive schisteuse qui ne ressemble en rien aux galets instables qu'ils devront affronter à Dieppe. Par contre, à quelques kilomètres à l'est, sur la plage de galets de Chesil Bank, semblable à celle de Dieppe, des sapeurs divisionnaires sont occupés à vérifier, sous les ordres du major B. Sucharov, dans quelle mesure un Churchill peut s'accommoder de ce type de surface. Manœuvré avec précaution, leur char ne s'enfonce pas dans les galets, et il ne semble pas y avoir grand risque que ceux-ci, en se coinçant entre les barbotins et les chenilles, bloquent ou brisent ces dernières. Sur ce sol mouvant, le char parvient à grimper sans difficulté une déclivité de 25%, mais il déclare forfait devant une pente de 40%.

Or, à Dieppe, la déclivité varie dans le temps et dans l'espace, car les vagues d'orage déplacent les galets, cependant, elle ne devrait pas normalement excéder 25%.

Toutefois, lorsque le char se déplace sur une surface instable de galets qui monte vers une digue, il n'arrive pas à réaliser son « enjambée » verticale normale de presque un mètre. Il semble que la meilleure manière de permettre aux chars d'atteindre l'esplanade consistera à charger des sapeurs de pratiquer des brèches dans la digue au moyen de charges d'explosif brisant, mais on continue à chercher une solution meilleure.

Entre-temps, Joseph Staline est toujours mécontent et continue de se plaindre de l'incapacité (ou de la mauvaise volonté, selon lui) anglo-américaine à ouvrir un second front. À la mi-mai, le front oriental subit une poussée sur toute sa longueur, et les *Panzer* recommencent à rouler, traversant l'Ukraine orientale en direction du Don. En Grande-Bretagne, de nombreuses personnes (y compris lord Beaverbrook, l'ami canadien de Churchill, propriétaire de l'un des journaux les plus influents, le *Daily Express*) estiment que les alliés occidentaux ne jouent pas pleinement leur rôle, qu'il faudrait faire bien davantage pour aider les alliés russes.

Visitant Washington à la fin mai, l'émissaire de Staline, Vyatcheslav Molotov, reçoit du président Roosevelt l'assurance d'un second front pour 1942, qui sera renouvelée trois jours plus tard (le 1er juin 1942), au grand embarras des Britanniques. Winston Churchill tergiverse, pris entre le marteau de la réalité et l'enclume de la promesse de son allié. « Nous faisons des préparatifs en vue d'un débarquement sur le continent en août ou en septembre 1942 », affirme-t-il à Molotov le 10 juin, lorsque celui-ci retourne à Moscou.

« Il est impossible de dire à l'avance si les circonstances seront propices à cette opération lorsque le jour viendra. Nous ne pouvons donc faire aucune promesse à ce sujet, mais, pourvu que la chose semble sage et raisonnable, nous n'hésiterons pas à mettre nos plans à exécution. »

En fait, un seul plan est mis à exécution, et c'est celui d'un raid, et non d'un second front. Par ailleurs, l'exercice YUKON a révélé qu'il comportait de graves faiblesses. YUKON II a lieu le 23 juin, par « une journée ensoleillée et chaude ». Cette fois, Mountbatten et Montgomery sont tous deux présents. Les choses se déroulent mieux — mais pas beaucoup mieux — que lors de YUKON I. Les soldats sont plus nombreux à atteindre le bon endroit au moment voulu, même si le débarquement des Essex Scottish se fait en retard, et que les Camerons débarquent à près d'un kilomètre à l'est de la plage qui leur a été assignée.

Malgré tout, à la fin du mois, Montgomery déclare à Paget : « Je suis allé, hier, à l'île de Wight, où j'ai passé toute la journée à vérifier l'ensemble de l'opération avec Roberts et les commandants des forces navale et aérienne. »

Je suis convaincu que l'opération est réalisable selon le plan prévu et qu'elle offre de bonnes chances de succès, pourvu :

a) que le temps soit favorable;
b) que la chance normale soit présente;
c) que la marine nous [sic] débarque à peu près aux bons endroits et aux moments voulus...

Le jour venu, le temps sera parfait, et on peut soutenir que la chance sourira « normalement » aux attaquants, mais, dans un plan aussi complexe, un « à peu près » est insuffisant pour circonscrire temps et espace. Comment Montgomery — un homme qui « pouvait pénétrer avec une concentration douloureuse l'essence même d'un champ de bataille » selon l'homme qui deviendra plus tard son chef des renseignements (et professeur à Oxford), le brigadier Edgar Williams — a-t-il pu se satisfaire d'un plan aussi démesurément ambitieux dans sa conception et, en même temps, aussi médiocrement mis à l'épreuve?

Comment ce grand apôtre de la puissance de feu peut-il avoir donné son accord à un plan qui, maintenant, n'en tient pratiquement aucun compte? Ces questions sont restées sans réponse jusqu'à nos jours, et ne pourront plus jamais en recevoir, mais comment blâmer Harry Crerar — paperassier en chambre par excellence — lorsque, après avoir vu une copie de la lettre de Montgomery, il déclare à McNaughton que « le plan est solide et des plus soigneusement étudiés. À la place de Roberts, je n'aurais aucune hésitation à entreprendre son exécution... ».

Le moment et les marées favorables au lancement de RUTTER se situent entre le 4 et le 8 juillet. Faute d'employer ce « créneau », il faudrait remettre le raid à la mi-août. Le 27 juin, le général Roberts convoque tous ses officiers et les instruit de ce qui va se passer, sans encore mentionner l'objectif par son nom. Puis, on informe les troupes d'un autre exercice, et, les 2 et 3 juillet, on les embarque sur les navires et les péniches de débarquement qui doivent leur faire traverser la Manche. Roberts et Mountbatten visitent les navires et parlent aux hommes. C'est à ce moment seulement qu'on leur révèle que l'exercice KLONDIKE n'est qu'une fable, et qu'ils viennent de s'embarquer pour un raid contre Dieppe.

Cependant, les parachutistes qui doivent détruire ou neutraliser les batteries lourdes de défense côtière ont besoin de conditions quasi parfaites pour effectuer leur saut; or, les 3, 4 et 5 juillet, le temps refuse de coopérer. Au soir du 5, les prévisions pour les 48 heures suivantes demeurent incertaines. De plus, le service de renseignements annonce soudain que la *10 Panzerdivision* s'est déplacée de Soissons à Amiens, à 80 kilomètres à peine de Dieppe. Si l'on attendait jusqu'au 8, il faudrait mener un raid de deux marées s'étendant sur 15 heures. Le repli ne commencera pas avant 17 heures, et les *Panzer* pourront aisément atteindre Dieppe avant. On révise rapidement le plan pour obtenir un raid d'une seule marée, avec un rembarquement prévu à 11 heures.

On peut mesurer le climat ambiant, fait d'irréalité et d'un optimisme renversant, au fait que tous les intéressés paraissent accepter sans discussion un horaire exigeant

inopinément, que les Calgarys et les Camerons débarquent, se fraient un chemin vers l'intérieur sur huit kilomètres ou davantage jusqu'à Arques et Saint-Aubin, reviennent sur leurs pas et rembarquent, le tout en à peine plus de la moitié du temps prévu à l'origine.

Une complication supplémentaire surgit au petit matin du 7, lorsque quatre Focke Wulf 190, au cours d'un raid éclair à basse altitude, lâchent deux de leurs bombes sur des navires de débarquement (LSI) chargés d'hommes du *Royal Regiment.* Néanmoins, les bombes sont larguées d'une hauteur si faible qu'elles ne s'amorcent pas et traversent les coques sans même exploser, de sorte que les Royals n'ont que quatre blessés légers à déplorer.

On débarque les hommes à la hâte, et les préparatifs vont bon train pour les rembarquer à bord d'autres navires, lorsque la météo annonce que le temps sera encore incertain le 8. Ainsi prend fin l'opération RUTTER. « Les soldats, amèrement déçus, quittent leurs navires, et les troupes qui étaient restées si longtemps dans l'île de Wight sont renvoyées en Grande-Bretagne et dispersées. »

CHAPITRE III

CHAPITRE III

RÉORGANISATION ET RÉVISION : L'OPÉRATION JUBILEE

Quelque 6 000 soldats et un nombre indéterminé de marins et d'aviateurs mis au courant d'un raid avorté sur Dieppe sont maintenant lâchés en Angleterre, où ils se mêlent à d'autres militaires et à des civils, dans les snacks, les pubs, les cinémas ou les maisons particulières. Bien qu'on insiste constamment, en temps de guerre, sur le fait que « les bavardages inconsidérés coûtent des vies », il est presque inévitable que certains d'entre eux parlent de l'opération — après tout, dans leur esprit, elle est bien finie — et qu'un nombre considérable de personnes, dont certaines peuvent fort bien être des espions, entendent ou surprennent leurs paroles. La prudence commande donc d'abandonner le projet et de l'oublier.

Près de 50 ans plus tard, sir Harry Hinsley, dans le quatrième volume de *British Intelligence in the Second World War*, histoire officielle du renseignement britannique au cours de la Seconde Guerre mondiale, révélera que « le MI 5 était pratiquement certain, à partir de juillet 1942, de tenir sous sa coupe tous les agents [allemands] opérant dans le pays ». À l'époque, toutefois, il s'agit d'une information ultrasecrète. Pour la plupart des officiers concernés, il est tout à fait exclu de monter de nouveau l'opération RUTTER, pour des raisons de sécurité. L'inimitable Montgomery recommande, lui, de l'annuler « définitivement ».

L'attitude de Hughes-Hallett est plus au goût de Mountbatten : « On estimait à juste titre que l'abandon de ces deux raids [BLAZING et RUTTER] équivalait à une défaite », racontera-t-il en 1950.

« C'est pourquoi on attachait tant d'importance à la réorganisation et à l'exécution malgré tout du raid de Dieppe... qu'on se soit seulement donné la peine de mener à bien l'opération [JUBILEE] n'est pas la caractéristique la moins remarquable de celle-ci. Ce résultat est attribuable à la détermination conjuguée du chef des Opérations combinées et de ses subordonnés de continuer à aller de l'avant, à moins d'instructions à l'effet contraire venues d'en haut. »

Le 10 juillet, trois jours seulement après l'annulation de RUTTER, lors d'une réunion du QG des Opérations combinées présidée par Mountbatten, on convient qu'« il faudrait examiner l'idée d'une autre opération RUTTER ». Le lendemain matin, selon Hughes-Hallett, « au cours d'une réunion à laquelle ne participaient que Mountbatten, Leigh-Mallory, le général Roberts et moi-même », on a :

« ... pratiquement décidé de monter de nouveau le raid de Dieppe en apportant au plan de légères modifications, et de l'exécuter vers le 18 août... Rien de tout cela n'a été mis par écrit, mais le général Ismay [secrétaire militaire de Churchill] en a informé les chefs d'état-major et le premier ministre, qui ont donné leur consentement verbal. »

C'est de cette manière que RUTTER deviendra JUBILEE.

Lors de cette réunion, Baillie-Grohman a brillé par son absence. Il ne s'était jamais vraiment intéressé à RUTTER, s'inquiétant surtout de la faiblesse, selon lui, des renseignements dont on disposait. « Il ne s'agit nullement d'une critique à l'endroit des planificateurs », écrit-il, bien que ce soit précisément ce qu'il fait. Les réserves exprimées par Baillie-Grohman sont signées par Roberts. Elles expriment donc la pensée de deux des trois commandants des forces.

Le commandant de la force aérienne, Leigh-Mallory, un homme généralement enclin au pessimisme, n'a pas élevé moins d'objections qu'un autre contre les plans de RUTTER, encore que l'élément aérien soit le moins susceptible d'échouer. Il aurait probablement abondé dans le sens de Baillie-Grohman, mais, pour des raisons inconnues — peut-être l'inopportunité administrative, ou l'inertie bureaucratique, mais probablement par prudence politique — il n'a pas donné sa signature.

À la réception de cette critique, Mountbatten accompagne personnellement Roberts, inquiet, à une entrevue avec McNaughton. Selon le journal de ce dernier, Roberts veut savoir si McNaughton approuve encore le plan de JUBILEE, et celui-ci renouvelle sa bénédiction du projet. Roberts entretient manifestement certains doutes, mais il doit toute sa carrière à son confrère artilleur, commandant d'armée, et, de surcroît, l'idole des Canadiens. Peut-être se sent-il tout simplement écrasé par ces hommes, qui lui sont supérieurs en grade et, presque certainement, en intelligence.

Baillie-Grohman pose un problème plus épineux, que Mountbatten résoudra avec davantage de subtilité. Il ne faut en effet que quelques jours au chef de la force navale pour se trouver relégué dans l'état-major de l'amiral sir Bertram Ramsay, à Douvres, complètement à l'écart de l'« orbite » de JUBILEE, et du domaine de compétence qui, à l'origine, lui a valu son rappel du Moyen-Orient. Son chef d'état-major, le commodore T.H. Back, a dû partir lui aussi, nommé au commandement du HMS *Bermuda* — encore en construction sur la Clyde.

La manoeuvre suivante de Mountbatten consiste à éjecter Montgomery de la chaîne de commandement : il n'a en effet aucun moyen de savoir que, le 7 août, celui-ci aura définitivement quitté la scène*. Le chef des Opérations combinées a maintenant une idée plus claire des sources d'insécurité professionnelle qui tourmentent McNaughton et Crerar, et qui en feront vraisemblablement des marionnettes entre ses mains. Il leur propose d'adopter une nouvelle chaîne de commandement qui ira de Paget à eux, plutôt qu'au Commandement du Sud-Est, substituant ainsi à l'organisation militaire classique un dispositif « politique » extrêmement vulnérable et contraire à toutes les règles. L'officier d'état-major, ou même un commandant haut placé, qui se risquerait à critiquer ce qu'on peut maintenant considérer comme une

---

* Le 8 août, il sera nommé au commandement de la 8e Armée et, deux jours plus tard, il partira pour le désert occidental et pour son rendez-vous avec le destin.

Des sapeurs mettant à l'essai des tapis d'assaut pour améliorer la traction des chars... sur une plage d'une nature considérablement différente de celles de Dieppe. [ANC]

Un groupe de LCP(L) de contre-plaqué amenant le Queen's Own Cameron Highlanders *à Dieppe évoluent autour de la vedette de la Royal Navy qui les guidera à travers la Manche. [MDN]*

entreprise nationale canadienne ne manquerait pas d'audace.

Probablement flattés et charmés par Mountbatten, McNaughton et Crerar acceptent. Le lendemain, 17 juillet, McNaughton aborde la question avec l'obligeant Paget, qui accepte que la chaîne officielle de commandement aille maintenant de lui-même aux Canadiens — de McNaughton à Crerar et de Crerar à Roberts. Étant donné que le rôle de Paget est (de sa propre volonté) purement nominal, il ne reste plus un seul commandant opérationnel expérimenté, à quelque échelon que ce soit de la chaîne de commandement. Entre-temps, le 13 juillet, Churchill Mann, ayant sauté deux grades, a été nommé brigadier à l'état-major général de la 1re Armée canadienne. Roberts demande toutefois si Mann pourra continuer à apporter sa contribution à l'opération JUBILEE jusqu'à son exécution. Sa requête reçoit une réponse favorable.

Le premier ministre et ses chefs d'état-major s'accordent sur l'idée de ressusciter RUTTER. Ils savent d'ailleurs que Mountbatten étudie des moyens pour y arriver, à une date encore indéterminée, mais guère tardive, si risquée que puisse sembler l'opération. Ils savent peut-être même — certainement le devinent-ils — qu'il a commencé à la réorganiser. Il semble toutefois qu'aucun d'eux ne veuille s'engager : dans une affaire aussi épineuse et délicate, on prend soin d'éviter les décisions. Ainsi que le fera observer Brian Villa : « Il semble clair que Mountbatten aurait préféré aller de l'avant sans approbation », mais les chefs d'état-major se montrent intraitables sur ce point.

« Le 17 juillet, il a bien tenté de faire porter au procès-verbal du Comité des chefs d'état-major la décision de monter de nouveau l'opération. Ce jour-là, Mountbatten a présenté un projet... selon lequel les chefs d'état-major lui ont ordonné de monter un substitut de l'opération annulée RUTTER, en faisant appel aux mêmes troupes... [mais]... rien, dans le procès-verbal, indique que les chefs d'état-major aient jamais donné suite au projet de Mountbatten... Malgré tout, celui-ci est allé de l'avant et a déclenché le raid. »

Hughes-Hallett parvient à convaincre Mountbatten qu'on peut réorganiser le raid sans danger, et celui-ci, poussé par son tempérament optimiste et impétueux (et peut-être encouragé par la protection que lui assurent ses liens étroits avec la famille royale), suppute probablement qu'il pourra toujours faire endosser la responsabilité d'un échec à quelqu'un d'autre si l'affaire tournait mal, alors que, dans le cas contraire, il pourrait s'en attribuer presque tout le mérite.

Ceux — et ils sont sûrement nombreux — qui trouvent encore difficile d'admettre cette extraordinaire initiative devraient peut-être méditer les mots du lieutenant général sir Henry Pownall (figurant dans son journal à la date du 17 juin 1944), chef d'état-major de Mountbatten de septembre 1943 à décembre 1944. De l'avis général, Pownall est un officier de la vieille école, aux principes rigides, « un vieux sage » spécialement nommé par le chef de l'état-major général impérial pour garder un oeil vigilant sur le commandant suprême du sud-est asiatique.

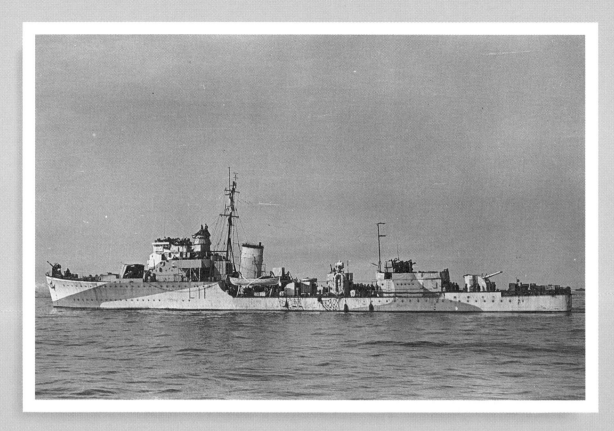

L'un des huit destroyers de la classe Hunt dont les pièces de 10 centimètres
doivent assurer un appui-feu aux débarquements de Dieppe.
Malheureusement, deux d'entre eux, le HMS Calpe (le navire de
commandement) et le Fernie (le navire de commandement auxiliaire),
ne pourront pas utiliser pleinement leur armement principal, les secousses
occasionnées par les détonations perturbant l'équipement radio spécial
installé pour assurer les communications entre les troupes
sur la terre ferme, les avions en vol et le QG
du Groupe N° 11 en Angleterre.
[ANC]

Des troupes, à bord de péniches
de débarquement d'assaut, se
préparent pour l'opération
JUBILEE. [ANC]

« Un grave soupçon pèse ici sur Mountbatten (non sans quelque raison). Il tenterait en effet de faire réaliser certaines choses sous le manteau. C'est sûrement une méthode qui lui était propre lorsqu'il était chef des Opérations combinées. Elle lui a très bien réussi et je ne doute pas qu'elle lui ait été très nécessaire pour obtenir des résultats (particulièrement à cause de l'Amirauté, qui faisait toujours de l'obstruction). Quoi qu'il en soit, cela ne change rien à l'affaire, et [je] le surveille très attentivement pour découvrir s'il se livre à des actions clandestines. C'est là une besogne à laquelle il me déplaît fort d'être employé... »

Une planification détaillée est entreprise, en vue de modifier RUTTER. S'il ne peut y avoir d'autre répétition, il est impossible de changer les tâches des Canadiens, sauf en ce qui concerne l'horaire. On a retenu l'idée d'un raid « d'une seule marée » où les troupes se rembarqueront après avoir passé jusqu'à 10 heures sur la terre ferme. Pourtant, l'évaluation de renseignements, révisée, semble maintenant indiquer que les éléments de tête de la *10 Panzerdivision* pourraient atteindre Dieppe trois heures après que l'alerte aura été donnée. La division au complet en mettra vraisemblablement six à arriver.

La lune « se couchera trop tôt pour être de quelque utilité à nos avions. C'est pourquoi, entre autres raisons, on ne fera pas appel aux parachutistes, dont les objectifs seront attaqués par des commandos ». Ces « autres raisons » comprennent le fait qu'on dispose de deux autres navires de débarquement d'infanterie. Grâce à eux, des commandos

(le N° 3 à Berneval, et le N° 4 à Varengeville) pourront remplacer les troupes parachutées, dont l'action est étroitement subordonnée à des conditions météorologiques quasi parfaites, dans les assauts contre les batteries côtières. Durnford-Slater et Lovat, les commandants respectifs des deux commandos, sont convoqués à Richmond Terrace, où on leur précise leurs tâches et leurs heures de débarquement, et on les laisse prendre leurs dispositions. À présent, les seules troupes de l'armée territoriale encore associées aux plans de Richmond Terrace sont canadiennes.

On soulève la possibilité de rétablir le bombardement aérien préliminaire. Inquiet, Churchill pourrait encore, si on lui affirme que ce facteur est essentiel, considérer la mort de civils français comme un moindre mal. Leigh-Mallory rédige une note en faveur du bombardement lourd, proposant de le faire commencer en même temps que les débarquements sur les flancs.

« Il ne s'écoulera qu'une demi-heure entre les débarquements sur les plages Bleue et Verte, au lieu de l'heure complète qui était prévue dans "RUTTER", où la tâche de l'infanterie débarquant sur la plage Bleue (orientale) consistait à entamer une attaque contre les redoutables positions de pièces de la falaise à l'est une demi-heure après avoir débarqué, en vue de s'emparer de ces dernières avant le débarquement principal... Maintenant, par contre, l'attaque de front contre DIEPPE prendra forme en même temps que débutera l'attaque de l'infanterie contre la falaise d'amont. Cela signifie que les importantes défenses de cette

Le 19 juillet 1942, exactement un mois avant le désastre de Dieppe, le lieutenant général H.D.G. Crerar, à l'occasion d'une fête sportive du 1er Corps d'armée canadien, félicite un gagnant et lui remet une médaille. Il aurait peut-être mieux fait de consacrer son temps à la critique du plan de JUBILEE, qu'il trouvait «solide et des plus soigneusement étudiés». [ANC]

falaise doivent encore être en action lorsque la principale attaque aura lieu... J'estime donc qu'un certain bombardement de la falaise d'amont, juste au moment où l'assaut principal se déclenchera, sera nécessaire. Il reste à déterminer s'il vaut mieux, pour ce faire, détourner des [chasseurs] bombardiers HURRICANE d'autres tâches, ou employer des bombardiers. »

Il défend ensuite la seconde solution, faisant observer que le bombardement « devrait comprendre une certaine proportion de bombes de 1 814 kilos, afin de créer un maximum de destruction ». Sa proposition demeurera toutefois lettre morte, car Churchill et Brooke ont quitté le pays à la fin du mois de juillet, d'abord pour Le Caire, pour essayer de démêler l'imbroglio organisationnel et opérationnel dont souffre le Moyen-Orient, puis pour cet « État bolchevik morose et sinistre que je m'étais tant efforcé, jadis, d'étrangler au berceau », où ils doivent rencontrer Staline le 12 août.

Ils partent donc sans approuver d'avant-projet pour JUBILEE. Rédigeant ses mémoires, sept ou huit ans plus tard, Churchill écrira : « Avant de quitter l'Angleterre pour Le Caire et Moscou, le 2 août, je savais qu'on devait monter l'opération de nouveau. »

« Bien que je n'aie pris aucune part à la planification, j'étais en principe favorable, à l'époque, à une opération de ce type. Bien entendu, je présumais qu'elle serait soumise à l'examen final des chefs d'état-major et du Comité de la défense, à qui, si je n'avais été à l'étranger, j'aurais certainement fait

présenter, avant l'exécution du plan, les principaux points à considérer. » Churchill soumettra le brouillon de ce texte à Mountbatten afin que celui-ci lui fasse part de ses commentaires. Villa nous apprend que Mountbatten inscrit, en regard de ce paragraphe : « Veuillez omettre. » Le grand homme y consentira, supprimant ce passage du troisième volume de ses mémoires de guerre, *Le tournant du destin.*

La décision de resserrer d'une demi-heure l'intervalle entre les débarquements de flanc et ceux des plages principales résulte plutôt d'une plus rapide éclaircie du ciel que du bon sens tactique, qui aurait exigé d'avancer le débarquement. Les commandos, ainsi que les hommes qui feront route vers les plages Bleue et Verte, débarqueront à 4 h 50, juste après le renversement de la marée, et 10 minutes avant le lever du soleil. Ceux dont le débarquement est prévu sur les plages Rouge et Blanche y procéderont à 5 h 10*.

On peut se demander pourquoi l'opération est prévue si tard. L'« aube » aurait lieu à 4 h 30, et le « début du crépuscule nautique » 10 à 15 minutes plus tôt, de sorte que les premiers débarquements, qui devaient coïncider entre eux, coïncideraient aussi avec la marée haute. La marine semble craindre qu'en quittant l'Angleterre un tant soit peu plus tôt, on n'augmente le risque que

---

* Toutes les heures sont indiquées en heure d'été britannique, utilisée de nos jours par la Royal Navy. Celle-ci est en avance d'une heure sur le temps universel, qu'utilisaient les Allemands pendant la guerre, et de deux heures sur l'heure d'été britannique double, dont l'usage est généralisé en Grande-Bretagne.

des appareils de reconnaissance de la *Luftwaffe* aperçoivent les flottilles avant la tombée de la nuit du 18 et donnent l'alarme.

Une demi-heure après les assauts initiaux, simultanément aux attaques contre les plages Rouge et Blanche, le bataillon d'« exploitation » — dont une petite partie sera transportée jusqu'à Dieppe à bord de la péniche de débarquement du matelot de deuxième classe Kirby — débarquera à Pourville, dépassera la force d'assaut et s'enfoncera vers l'intérieur pour « prendre et détruire l'aérodrome » de Saint-Aubin. Si le temps le permet, car il ne faut pas oublier que le raid est maintenant prévu pour durer le temps d'une seule marée — il pourra aussi s'emparer du quartier général de division allemand, qu'on croit toujours, à tort, situé à Arques-la-Bataille.

Le 20 juillet, les chefs d'état-major approuvent officiellement la nomination de Hughes-Hallett au poste de commandant de la force navale pour « le prochain raid de grande envergure ». Cette nomination sera interprétée comme une approbation officielle de JUBILEE, déguisée pour des raisons de sécurité, mais un bon motif d'ordre technique permet de rejeter cet argument. Avant d'approuver définitivement une opération relevant de leur autorité, les chefs d'état-major ont besoin d'un avant-projet précisant les contraintes de lieu et de temps — entre « a » et « b », pas avant « x », ou après « y » — afin de s'assurer que cette opération n'entrera pas en conflit avec quelque autre opération ou exercice. Par exemple, ils doivent être certains qu'un raid projeté sur Saint-Malo ne coïncidera pas avec un grand exercice naval dans les parages de la Manche, ou qu'un

coup de main contre Calais exigeant un appui de bombardiers lourds ne sera pas prévu pour la même nuit qu'un raid de 1 000 bombardiers sur Hambourg. C'est pourquoi, à défaut de toute autre raison, un avant-projet ayant reçu la sanction officielle est toujours nécessaire.

Quant à la question de sécurité, un simple nom de code, comme JUBILEE, est bien plus sûr en soi qu'une allusion au « prochain raid de grande envergure* », qui, par la nature même de sa formulation vague, laisse filtrer certaines informations. Néanmoins, ce « prochain raid de grande envergure » n'ayant pas encore été officiellement approuvé, il n'est pas possible de lui attribuer un nom de code.

Il ne s'agit pas ici de prétendre que les chefs d'état-major ne veulent pas d'une nouvelle opération RUTTER; à eux aussi, le premier ministre met l'épée dans les reins. Sébastopol, le dernier avant-poste russe en Crimée, est tombé le 1ᵉʳ juillet. La *Wehrmacht* a lancé une grande offensive dans le bassin industriel du Donets et, le 20, atteint le Don de Voronej à son embouchure. Rostov tombe le 23, et les champs pétrolifères du Caucase sont menacés. Hitler commence à porter ses regards sur Stalingrad, la charnière sur laquelle tourne la porte du Caucase. Encore une fois, il est difficile de prévoir la profondeur des avances allemandes, ou de spéculer sur la détermination de Staline à résister sans le soutien d'un appui plus actif à l'Ouest.

---

* En fait, il existe toute une correspondance classifiée circulant par les voies réglementaires à un échelon bien inférieur à celui des chefs d'état-major et portant, comme il convient, la mention «Opération Jubilee».

Sur cette photographie, peut-être symbolique de la planification de Dieppe, le général britannique sir Bernard Paget (à l'extrême droite), commandant en chef de l'armée territoriale, prête l'oreille à un officier général canadien, se dissociant de la discussion entre le général A.G.L. McNaughton (à l'extrême gauche) et le major général P.J. Montague, l'officier supérieur d'état-major au quartier général d'outre-mer. À gauche, le major général W.B. Price. [ANC]

Des soldats à bord d'une péniche de débarquement d'assaut [LCA] au blindage léger, juste avant l'opération JUBILEE. À l'arrière-plan, un navire de débarquement d'infanterie (LSI) et un destroyer de la classe Hunt. [MDN]

Non seulement il n'y a pas de second front — ni, pour le moment, de grands raid — pour distraire les Allemands, mais les Russes ont également l'impression de ne plus pouvoir compter sur la Grande-Bretagne et les États-Unis du point de vue logistique. Le convoi PQ17, réunissant 35 navires marchands chargés de matériel de guerre et escortés par 21 navires de guerre, a quitté l'Islande le 4 juillet à destination d'Arkhangelsk. Dix-neuf des cargos ont été coulés, 90 millions de kilos de chars, d'avions et de véhicules terrestres ont été perdus — soit les deux tiers de la cargaison, et de telles pertes sont inadmissibles. Il ne pourra pas y avoir d'autre convoi avant le début de l'hiver, lorsque les longues heures d'obscurité assureront une protection supplémentaire et de meilleures chances de passer.

Ainsi qu'on l'a déjà signalé, Churchill doit visiter Moscou en août et il ne fait aucun doute qu'il devra alors affronter le courroux de Staline. Il n'est plus simplement question, maintenant, d'un second front. Le 23 juillet, l'ambassadeur russe a remis au premier ministre un télégramme de récrimination contre la décision d'interrompre les convois arctiques.

Churchill a répondu par la promesse de « raids massifs » sur le continent dans un avenir rapproché, mais ne peut tout simplement pas promettre un second front. TORCH (l'invasion anglo-américaine de l'Afrique du Nord française) sera la principale compensation offerte à Staline, mais on ne pourra pas la monter avant novembre, alors que le dirigeant russe, mécontent, exige une opération immédiate en Europe. Bien que d'autres possibilités soient à l'étude, les Opérations combinées n'ont aucune proposition suffisamment réaliste et avancée pour remplacer RUTTER, et Churchill ne se rend que trop bien compte qu'un « rude boulot » l'attend à Moscou.

Entre-temps, Hughes-Hallett s'est arrangé pour qu'on demande à la 2e Division de produire une étude détaillée sur les leçons tirées de l'entraînement effectué dans l'île de Wight, en vue de RUTTER, sous prétexte de pouvoir réviser les brochures d'instruction des Opérations combinées. Il se ménage ainsi une excuse pour concentrer un petit état-major de planification au QG des Forces combinées, à Portsmouth. Étant donné qu'on n'a encore jamais intégré les blindés à un assaut amphibie se heurtant à une opposition, il est assez logique de demander aux membres du *Calgary Regiment* de se préparer à une démonstration inspirée de leur entraînement et organisée par eux. Le moment venu, cette démonstration expliquera aussi la réimperméabilisation de leurs chars.

Des sapeurs faisant sauter des obstacles de chars pourraient participer à la démonstration, qui pourrait aussi comporter l'établissement de communications radio avec une force d'infanterie hypothétique, ce qui fournit une excuse pour rassembler de nouveau les membres du génie et des transmissions nécessaires. Enfin, le QG des Opérations combinées demande aux Canadiens de rapporter rapidement tout le matériel du génie et l'équipement spécialisé (comme les pistolets-mitrailleurs Sten et les charges Bangalore) qu'on leur a fournis pour RUTTER, et qu'on les remise ensemble afin de pouvoir les rembarquer rapidement lorsqu'on en aura besoin.

Entre-temps, les sapeurs se heurtent à la difficulté de faire franchir une digue de 76 centimètres sur une surface mouvante à un char Churchill. Quelqu'un trouve l'idée de mettre au point des tapis d'assaut, formés de lattes en bois de châtaignier, choisi pour sa souplesse et son élasticité, reliées par du fil de fer, à la manière des clôtures pare-neige. On fixe transversalement, à l'avant du char, un axe portant deux « bobines » de tapis d'assaut, chacune alignée en face de l'une des chenilles. On y installe ensuite un mécanisme de déclenchement spécialement conçu à cette fin, qui laisse tomber l'extrémité de chaque tapis d'assaut sous les chenilles. Simultanément, les chenilles poussent le char vers l'avant, et tirent le reste du tapis en dessous, procurant ainsi au véhicule une assise ferme, à partir de laquelle il peut « enjamber » la digue. Le système fonctionne à la perfection : le char d'essai escalade et franchit la digue à plusieurs reprises.

Le matin du 14 août, on procède à une démonstration de l'appareil devant un groupe d'officiers, parmi lesquels le commandant des Calgarys. L'après-midi du même jour, on décide d'en doter le char de tête à bord de cinq des six premières LCT qui doivent toucher terre à Dieppe. Il serait impossible d'en équiper le dernier char de la première vague, dont la caisse se trouve déjà pourvue, à l'avant, d'un lance-flammes expérimental.

Le lendemain, cinq appareils sont prêts, et ils seront fixés aux chars le 16 août. Il aurait peut-être été préférable, toutefois, qu'un nombre plus élevé d'officiers des Calgarys participent à ces expériences car ils sont loin de faire confiance à ce dispositif lorsqu'on le leur dévoile enfin, et on ne leur fournit

aucune occasion de s'exercer à son utilisation avant de partir pour Dieppe.

Pendant qu'on se livre à ces préparatifs en vue de JUBILEE, les troupes retournent à leur rude entraînement habituel : marches au pas de route, drills de combat et exercices comportant des tirs réels. Par exemple, du 21 au 24 juillet, les membres du *Royal Hamilton Light Infantry* (RHLI), que leurs pairs appellent généralement les Rileys, s'exercent à la coopération interarmes au cours de l'exercice LENIN, où les chars tirent avec leur canon de six au-dessus de l'infanterie, pendant que les habituelles mitrailleuses tirent sur des lignes fixes. Après quoi, ils se rendent sur les terres du château d'Arundel, où ils vivent sous des tentes et participent à une série frustrante d'exercices de transport, montant et descendant des véhicules, parcourant la campagne du Sussex en tenue complète de combat. Toutes activités qui font partie du plan de dissimulation de Hughes-Hallett pour monter JUBILEE sans éveiller les soupçons.

Le 18 août, tous les bataillons s'entassent à bord de véhicules de transport pour ce qui ne semble être qu'une autre excursion dans la campagne anglaise, à laquelle on a donné le nom d'exercice FORD. En réalité, on les conduit aux zones d'embarquement — Southampton, Gosport, Shoreham ou Newhaven — où on les embarque à bord de leurs bateaux respectifs. On leur rend alors l'équipement remisé, et on leur apprend que c'est « reparti » pour le raid.

Les Royals et trois pelotons de fantassins du Black Watch, qui doivent débarquer sur la plage Bleue, s'embarquent sur le *Queen*

Emma, le *Princess Astrid* et le *Duke of Wellington* (avec une juste proportion de spécialistes, comme les autres grandes unités). Les South Saskatchewans feront la traversée jusqu'à la plage Verte sur le *Princess Beatrix* et l'*Invicta*. Les Essex Scottish et le RHLI se rendront aux plages Rouge et Blanche à bord du *Glengyle*, du *Prince Charles* et du *Prince Leopold*. Enfin, les chars des Calgarys (avec le peloton de mortiers du Black Watch) voyageront avec 24 LCT. Le reste de la force de débarquement se trouve à bord d'un assortiment de vedettes, de LCM, de LCP et de LCA.

Tous ces navires sont escortés par huit destroyers de la classe Hunt, et par une armada de bâtiments de guerre de moindre importance. On a équipé, comme navires de commandement, deux des destroyers, le *Calpe* et le *Fernie*, sur lesquels on a installé tout le matériel nécessaire aux transmissions. Mais on en a prévu bien trop : la profusion d'antennes de fortune exerce un brouillage mutuel de l'émission ou de la réception sur des fréquences vitales. De plus, en cette époque où la technologie repose sur de fragiles tubes à vide, une isolation insuffisante contre les vibrations interdit aux deux navires d'utiliser leur armement principal sans paralyser temporairement leurs propres communications, ce qui réduit d'un quart la principale puissance de feu de l'expédition.

Roberts et Hughes-Hallet, les commandants des forces terrestre et navale, se trouvent à bord du *Calpe*. Leurs adjoints, Back et Mann, se sont embarqués sur le *Fernie*. Quant au commandant de la force aérienne, Leigh-Mallory, il dirigera son combat à partir d'Uxbridge, avec l'aide d'un « représentant » à bord du *Calpe*. Chaque destroyer emmène un contrôleur aérien. Celui du *Calpe* est « responsable » de la bataille aérienne, alors que son homologue du *Fernie* est responsable de l'appui aérien au combat terrestre.

En tout, l'armada qui s'ébranle cette nuit-là compte 237 navires. On craint un peu les mines, et, selon le rapport conjoint sur le raid, rédigé en octobre 1942 :

« Avant le départ, le commandant de la force navale a consulté le chef des Opérations combinées. À la suite de cette entrevue, il a précisé les circonstances dans lesquelles il avait l'intention de renoncer à l'expédition. Il agirait ainsi s'il essuyait, au cours du trajet vers le littoral français, au moins l'une des pertes suivantes :

1) HMS *Princess Beatrix* et HMS *Invicta*;
2) HMS *Glengyle* et n'importe quel autre LSI, à l'exception du HMS *Duke of Wellington*;
3) HMS *Prince Charles* et HMS *Prince Leopold*;
4) HMS *Princess Astrid*. »

Il poursuit en déclarant que, si on avait pu fournir un certain nombre de bombardiers lourds pour lancer des attaques à basse altitude contre les batteries ennemies, sa conclusion quant au nombre de pertes qu'il accepterait aurait été profondément modifiée.

Il aurait été préférable de laisser toutes ces décisions à Roberts, en tant que commandant de la force terrestre, puisque de telles pertes nuiraient d'abord et avant tout à la suite des

En mai 1942, des troupes
canadiennes pratiquent un
débarquement amphibie près
de Seaford, dans le Sussex. Son
littoral ressemble à celui de
Dieppe. Le pistolet que tient
l'officier (à l'extrême gauche)
sera remplacé par une mitraillette
Sten pour l'opération JUBILEE.
[ANC]

événements sur la terre ferme. On aurait dû, dans la mesure du possible, les présenter comme des décisions conjointes, mais, à ce stade, Hughes-Hallett semble avoir accaparé la direction de l'opération.

Alors que la nuit s'avance, une station radar, haut perchée sur Beachy Head, détecte le passage d'un convoi allemand faisant route au sud le long du littoral français, en direction de Dieppe. Il ne faut pas voir là un coup du sort : de semblables convoyages ont lieu deux ou trois fois par semaine. Les opérateurs du radar, obéissant aux ordres permanents, signalent le convoi au quartier général de l'amiral sir William James, qui partage les installations du QG des Forces combinées, à Portsmouth. À 1 h 30, le message — chiffré, bien entendu — est relayé au *Calpe* et au *Fernie*. Au bout d'un peu plus d'une heure, on reçoit un autre avertissement précisant que les deux flottilles suivent peut-être un cap de collision. Hughes-Hallett, auquel les messages sont adressés, en tant que commandant de la force navale, ne fait rien et n'en parle à personne.

Peut-être n'y a-t-il rien à faire. À la guerre, ainsi que James Wolfe l'a fait observer, aucun choix n'est sans péril, et Hughes-Hallett a pris la décision justifiable d'aller de l'avant. Mais, ce qui est injustifié, c'est qu'il agisse ainsi sans en discuter avec Roberts, qui a sûrement le droit d'être consulté, et qui se trouve à seulement quelques mètres de lui.

Il est temps, maintenant, de retrouver le matelot de deuxième classe Kirby, à bord de la R-135.

Peu avant 4 heures, le firmament s'embrase soudain d'une myriade de traçantes, qui déchirent le ciel devant nous. Bien que ce spectacle nous cause un bref saisissement, nous sommes plus consternés que surpris. Nous nous rendons tous compte que nous approchons de notre objectif, car le briefing de l'infanterie indiquait que le débarquement aurait lieu à 5 heures. Il semble maintenant que l'ennemi soit éveillé et prêt à combattre. Notre espoir d'un débarquement surprise est anéanti, car nous croyons assister à un tir antiaérien des Allemands ripostant à un raid de bombardement de la RAF. Quelques minutes plus tard, le feu arrière de la R-84 commence à dériver vers tribord, et Hop[per] doit venir au 180 pour le garder droit devant... Notre fidèle [moteur] Hall-Scott continue à propulser notre frêle coque de bois sur les eaux paisibles de la France.

Ce que Kirby a vu et entendu, c'est l'entrée en contact de la colonne d'attaquants la plus au nord, qui amène le Commando N° 3 à Berneval — 20 LCP(L) comme la sienne, dont trois ont dû quitter la file par suite d'ennuis mécaniques — avec ce petit convoi allemand qui longe la côte française sous l'escorte de trois « chalutiers armés ». Les LCP(L) sont guidées par une vedette, une canonnière à vapeur et une péniche de débarquement à artillerie antiaérienne (LCF), qui est essentiellement une LCT modifiée.

Leur destroyer escorteur particulier, le *Slazak* (un navire polonais) se trouve à environ six kilomètres de là, derrière la colonne plutôt que sur son flanc découvert, et son capitaine, pour quelque raison que ce soit, ne fait aucun effort pour intervenir. Le lieutenant-colonel Durnford-Slater est à bord de la canonnière.

Tout à coup, des obus éclairants éclatent au-dessus de nos têtes... La nuit s'éclaire comme en plein jour. Je peux voir toutes nos péniches de débarquement derrière nous et, à environ un kilomètre, cinq navires qui annoncent leur identité en déversant presque immédiatement sur nous un tir ininterrompu de projectiles de 40 millimètres et d'armes légères. On a désigné un destroyer pour nous escorter, mais son commandant a failli à son devoir. C'est la première et dernière fois, dans toute mon expérience de la guerre, que je vois une chose pareille. Il a trouvé trop monotone d'accompagner notre barcasse filant ses 10 pauvres nœuds, et il s'est allégrement enfoncé dans la nuit. Maintenant qu'on a désespérément besoin de lui, il est hors de portée...

Les navires allemands travaillent en équipe avec une efficacité remarquable. Ils choisissent la canonnière comme principal objectif initial. Son équipage fait un vaillant effort pour riposter, mais, en l'espace de quelques secondes, tout son armement a été mis hors de combat.

L'un des officiers de la marine a vraiment la frousse. Il ne cesse de crier :

« C'est la fin! C'est la fin! »

Je suis enclin à lui donner raison. Je gonfle mon gilet de sauvetage et je délace mes bottes. Tout autour de moi, des morts et des blessés jonchent la passerelle comme une mêlée de rugby qui se serait affaissée. Ils doivent être là une dizaine, qui ont tous été touchés en regardant par-dessus le blindage... Les péniches de débarquement se sont égaillées dans toutes les directions, et il n'y en a aucune en vue.

Quelques membres des équipages allemands ont reconnu dans certains navires britanniques des transports de troupes, mais toutes leurs antennes émettrices ont été emportées par des coups de feu au cours de l'engagement, de sorte qu'ils sont incapables de prévenir quiconque par radio. Bien sûr, les membres du corps expéditionnaire n'ont alors aucun moyen de connaître ce détail, mais il n'est pas déraisonnable de supposer que les sentinelles allemandes postées sur le rivage ont vu et entendu les coups de feu, et qu'elles ont donné l'alarme. On peut donc présumer que l'effet de surprise est perdu, et c'est le moment ou jamais d'annuler le raid et de rentrer, les LSI n'ayant pas encore commencé à décharger leurs péniches d'assaut chargées de fantassins — moment qui marquerait le point de non-retour. Pourtant, Hughes-Hallett, entraînant Roberts dans son sillage, maintient résolument son cap.

En réalité, si l'événement a arraché certains Allemands au sommeil, il n'a pas véritablement retenu leur attention. Les échanges de feu nocturnes entre leurs convois côtiers et les bâtiments légers de la marine britannique ne sont pas rares, et, en dépit du niveau généralement élevé de préparation qui règne sur le littoral, seules les garnisons de Berneval et de Puys semblent avoir pris certaines mesures. On verra par ailleurs que, dans le second cas, ces précautions supplémentaires tiennent bien plus d'une lubie du commandant de l'endroit que d'une réaction calculée face à un danger réel.

Aucun récit de Dieppe ne peut éviter d'aborder l'hypothèse selon laquelle les Allemands auraient été prévenus du raid. C.P. Stacey a démontré depuis longtemps que les défenseurs de Dieppe ne s'attendaient pas à l'attaque particulière lancée contre eux à ce moment précis, et sa conclusion deviendra de plus en plus évidente à mesure que progressera la présente narration de ce raid. Des études plus récentes laissent toutefois penser que Berlin a peut-être été prévenu, mais que l'avertissement n'aurait pas été transmis aux commandants concernés sur place.

Selon certaines rumeurs, le renseignement militaire allemand (l'*Abwehr*) aurait reçu jusqu'à quatre avertissements, dont deux provenant peut-être d'agents doubles, mais n'a pris aucune mesure en conséquence. Cela semble parfaitement plausible. En effet, on peut imaginer que le « Comité Vingt* », sachant que RUTTER avait été annulée et *ignorant* qu'on l'avait montée de nouveau sous le nom de JUBILEE, aurait pu juger habile de faire annoncer par un agent « retourné » qu'on préparait un raid contre Dieppe. Selon le professeur Hinsley, le Comité de sécurité interarmées, service clé dans de telles questions délicates, n'a jamais

---

* Le *Doublecross Comittee*, ou « Comité du double jeu », chargé de «retourner» les agents allemands. Le sobriquet employé ici trouve son origine dans la représentation symbolique du mot *doublecross* (littéralement : double-croix) par deux croix de Saint-André : XX, qu'on lit alors comme s'il s'agissait du nombre 20 en chiffres romains. (*N.D.T.*)

été mis au courant de JUBILEE.

Par la suite, si l'ennemi vient jamais à obtenir des informations sur RUTTER, sans disposer de la date prévue, il en conclura que son agent fait du bon travail et accueillera avec d'autant plus de confiance toute autre « désinformation » que lui transmettrait le Comité Vingt, par l'entremise de cet agent.

D'un autre côté, l'*Abwehr* sait, ou soupçonne peut-être, qu'on a retourné contre lui les agents concernés. Il sait aussi qu'un état général de préparation entre en vigueur sur le littoral français chaque fois que l'heure et la marée favorisent un raid — principe qui, rigoureusement respecté, devrait garantir de toute surprise majeure et limiter radicalement l'effet d'un tel raid.

Il serait donc sage, du point de vue de Berlin, de ne pas transmettre au personnel opérationnel des informations qui risquent de se révéler fausses par la suite. Sinon, celui-ci finirait bientôt par considérer de tels « tuyaux » comme autant d'appels au loup, et serait enclin, en cas de danger plus concret, comme celui d'une invasion, à ne pas tenir compte d'avertissements authentiques. Ce raisonnement expliquerait pourquoi les commandants n'ont reçu aucun message par l'intermédiaire de l'*Oberbefehlshaber West* (le *Generalfeldmarschall* von Rundstedt) et du quartier général concerné de l'armée de terre.

On pourrait trouver des explications tout aussi complexes aux questions entourant les deux autres avertissements. Le problème de la surabondance d'informations qui se contredisent parfois tourmente souvent les analystes du renseignement, mis dans l'incapacité de retrouver la vérité. Les services de renseignements, ceux d'alors comme ceux d'aujourd'hui, tentent toujours de se tromper, de se doubler, voire de se « tripler » mutuellement, à la manière des espions et des contre-espions semi-fictifs de John Le Carré.

« Quelle toile inextricable tissent nos premiers mensonges*. » Le fait est que, quoi qu'on ait pu dire, ou faire croire, à l'*Abwehr*, aucun des commandants des forces allemandes terrestres, aériennes ou navales participant à la défense de la région de Dieppe n'a la moindre idée de l'approche du raid, et encore moins du moment où il aura lieu.

D'autres preuves viennent étayer cette opinion. En effet, on sait maintenant (le fait est signalé par Campbell dans son nouveau livre) que, à peine une semaine avant le raid*, on a retiré de la pointe d'Ailly — où doit débarquer une partie du Commando N° 4 — un radar SEETAKT de la *Kriegsmarine*, et que les opérateurs du radar FREYA de la *Luftwaffe*, sur le promontoire à l'ouest, ont bel et bien détecté, dès 2 h 30 (80 minutes avant le début de l'engagement avec le convoi), des indices de l'approche de la flotte de débarquement, mais qu'ils ont eu quelque peine à trouver quelqu'un qui les prenne au sérieux.

En effet, qu'est-ce que ces gens de l'aviation pourraient bien comprendre aux navires et aux choses de la mer? Sont-ils conscients de l'ampleur des activités nocturnes normales de la marine de guerre et de la marine marchande sur les côtes? Lorsque les opérateurs arrivent à provoquer une réaction (chez un officier d'état-major de la *302ᵉ Infanteriedivision*, vers 4 heures), il ne s'agit encore que d'un état de « vigilance accrue », et non d'un « branle-bas de combat ».

---

*   Walter Scott, *Marmion*. (*N.D.T.*)

*   Encore une preuve du fait que les Allemands ne s'attendent pas à l'opération JUBILEE. On peut se demander ce qui se serait produit si l'opération RUTTER était allée de l'avant comme prévu et si la marine avait signalé l'approche des navires.

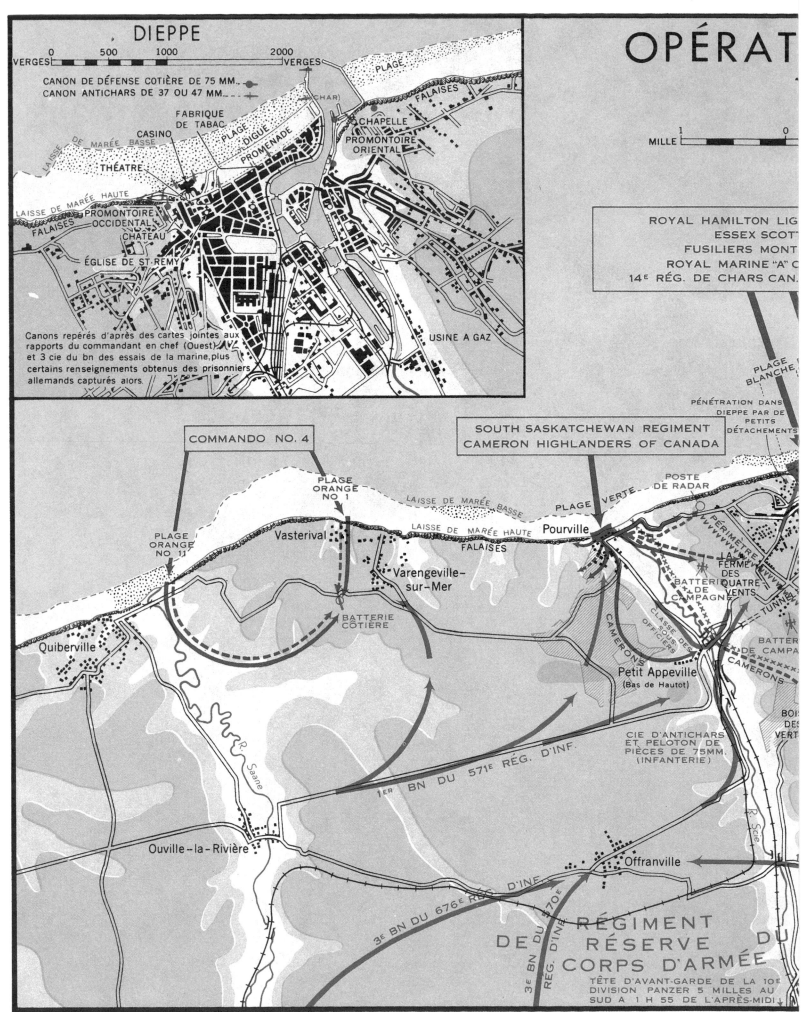

DIEPPE

VERGES | 0 | 500 | 1000 | 2000 | VERGES

CANON DE DÉFENSE CÔTIÈRE DE 75 MM.
CANON ANTICHARS DE 37 OU 47 MM.

PLAGE
FALAISES
CHAPELLE
PROMONTOIRE
ORIENTAL
(CHAR)
FABRIQUE
DE TABAC
PLAGE DIGUE
CASINO PROMENADE
THÉÂTRE
LAISSE DE MARÉE BASSE
LAISSE DE MARÉE HAUTE
PROMONTOIRE
OCCIDENTAL
FALAISES
CHÂTEAU
ÉGLISE DE ST-REMY
USINE A GAZ

Canons repérés d'après des cartes jointes aux
rapports du commandant en chef (Ouest)
et 3 cie du bn des essais de la marine, plus
certains renseignements obtenus des prisonniers
allemands capturés alors.

OPÉRAT

MILLE | 1 | 0

ROYAL HAMILTON LIG
ESSEX SCOTT
FUSILIERS MONT
ROYAL MARINE "A" C
14E RÉG. DE CHARS CAN.

COMMANDO NO. 4

SOUTH SASKATCHEWAN REGIMENT
CAMERON HIGHLANDERS OF CANADA

PLAGE
BLANCHE
PÉNÉTRATION DANS
DIEPPE PAR DE
PETITS DÉTACHEMENTS

POSTE
DE RADAR
PLAGE
ORANGE
NO 1
LAISSE DE MARÉE BASSE PLAGE VERTE
PÉRIMÈTRE
Vasterival
PLAGE
ORANGE
NO 11
LAISSE DE MARÉE HAUTE Pourville
FALAISES
LA
FERME
DES
Varengeville-
sur-Mer
BATTERIE
CÔTIÈRE
QUATRE
VENTS
BATTERIE
DE
CAMPAGNE
CLASSE DES
SOUS
OFFICIERS
CAMERONS
Quiberville
BATTER
DE
CAMPA
Petit Appeville
(Bas de Hautot)
CAMERONS
BOIS
DES
VERT
CIE D'ANTICHARS
ET PELOTON DE
PIÈCES DE 75MM.
(INFANTERIE)
R. Saane
1ER BN DU 571E RÉG. D'INF.
R. Scie
Ouville-la-Rivière
Offranville
3E BN DU 676E RÉG. D'INF.
RÉGIMENT
DE RÉSERVE DU
CORPS D'ARMÉE
TÊTE D'AVANT-GARDE DE LA 10E
DIVISION PANZER 5 MILLES AU
SUD A 1 H 55 DE L'APRÈS-MIDI

CHAPITRE IV

CHAPITRE IV

«UNE SITUATION PASSABLEMENT DÉSESPÉRÉE»

Au cours de cette brève et féroce escarmouche avec les escorteurs du convoi, six des LCP(L) transportant le Commando N° 3 ont été envoyées par le fond, et les autres — dont un grand nombre sont chargées de morts et de blessés — se sont éparpillées dans toutes les directions. La plupart font tout leur possible pour rentrer en Angleterre, pendant que la canonnière qui transporte Durnford-Slater, désemparée, se lance à la recherche du général Roberts, à bord du navire de commandement, le HMS *Calpe*.

Cinq des LCP qui se trouvaient en tête de la colonne conservent toutefois leur cap vers la France. Quatre d'entre elles (conduites par la vedette 346, qui a engagé par la suite un petit bateau-citerne allemand et l'a jeté à la côte) atteignent la plage Jaune I au Petit-Berneval, et la cinquième aboutit, à près d'un kilomètre à l'ouest, au pied d'une entaille dans les falaises, qui constitue Jaune II. La batterie « Goebbels » de quatre pièces de 155 millimètres est perchée sur le promontoire qui sépare ces deux lieux de débarquement.

Les hommes qui doivent débarquer sur Jaune I y abordent à 5 h 15*, avec 25 minutes de retard. Dans la lumière limpide de l'aube,

---

* Rappelons au lecteur que toutes les heures sont indiquées en heure d'été britannique (en avance d'une heure sur le temps universel, la Royal Navy l'utilise sous la désignation d'heure «B») et non en heure d'été britannique double (utilisée par le reste de la Grande-Bretagne) ou en TU (utilisée par les Allemands).

deux postes de mitrailleuse commandant la plage sont prêts à les recevoir. Ils s'en emparent rapidement, mais pas assez pour qu'un certain nombre d'hommes ne se fassent tuer ou blesser : le lieutenant Edwin Loustalot, des Rangers, sera le premier Américain tué au combat sur le sol européen au cours de la Seconde Guerre mondiale. Le message annonçant ce débarquement met une heure et quart à atteindre l'*Oberbefehlshaber West*, aux environs de Paris. Il constitue apparemment la première nouvelle du début de JUBILEE que reçoit le quartier général.

Il y a, dans la valleuse qui mène à Berneval, d'autres centres de résistance, dont les garnisons ont été tirées de leur sommeil par l'engagement naval. Les survivants des quelque 70 hommes qui ont débarqué commencent à s'enfoncer vers l'intérieur, mais ils sont en trop petit nombre pour espérer faire grande impression contre un ennemi vigilant, puissamment armé et bien protégé. En fait, ayant perdu la moitié des leurs, ils se retrouvent bientôt aux abois. Les tirs des Allemands tiennent à distance les LCP(L) de contre-plaqué dépourvues de blindage qui pourraient les évacuer, et un seul homme parvient à atteindre à la nage une péniche de débarquement qui le ramènera en Angleterre. Les autres, tous blessés sans exception, sont faits prisonniers.

En revanche, à partir de Jaune II, le major Peter Young (personnage pittoresque qui a gagné une croix Militaire à Vaagsö) et ses 20 hommes escaladent la gorge obstruée par les barbelés sans se faire repérer et, à défaut de pouvoir détruire la batterie allemande, entreprennent de la neutraliser après avoir coupé les fils téléphoniques qui relient Berneval à Dieppe. Opérant un mouvement tournant qui les amène derrière les emplacements de pièce, ils ouvrent le feu au fusil et à la mitrailleuse légère à une distance de 183 mètres. Durant trois heures, ils continuent de canarder l'ennemi, le harcelant avec une telle efficacité que les équipes de pièce, démoralisées, parviennent tout juste à tirer de temps à autre un coup infructueux sur les navires qui évoluent bientôt devant Dieppe.

Au terme de ces trois heures (qui représentent un séjour un peu plus long que ne le voudrait la sagesse), Young et ses hommes retournent à la plage, où les attend leur bateau, et se rembarquent pour l'Angleterre. Une fois les commandos partis, les Allemands du Petit-Berneval sont trop désorganisés pour tirer mieux qu'ils ne l'ont fait sous le feu. Young et le lieutenant H.T. Buckee, RNVR*, commandant la LCP(L), seront faits membres de l'Ordre du Service distingué (DSO) pour leur bravoure. Ce sont là deux des premières décorations, parmi les 133 qui seront décernées aux participants de l'opération JUBILEE.

À l'extrémité ouest de l'objectif, les 252 hommes du Commando N° 4 de Lovat, qui ont quitté la LSI *Prince Albert* à bord de LCA, débarquent sur les deux plages sans rencontrer d'opposition. À Vasterival (Orange I), l'une des troupes, forte de 70 hommes, se précipite sur

le rivage avec trois minutes de retard, presque exactement en face des six pièces et des 112 hommes de garnison de la batterie « Hess », en bordure du hameau de Varengeville. À 4 h 50, les autres débarquent avec une parfaite ponctualité à Quiberville (Orange II), à près de cinq kilomètres à l'ouest. Ce groupe, plus nombreux, ne rencontrant aucune opposition*, remonte la vallée de la Saône sur plus d'un kilomètre au pas de gymnastique, puis coupe à travers champs pour prendre la batterie à revers.

À 5 h 50, l'équipe de Vasterival ouvre le feu au mortier et à la mitrailleuse, monopolisant l'attention des mitrailleurs allemands, pendant que le groupe de Quiberville se met en position. Vingt minutes plus tard, au cours d'une attaque aérienne prévue contre la batterie, une bombe ou un obus frappe les réserves « immédiates » de munitions des Allemands, qui éclatent aussitôt dans un « *éclair aveuglant* ». Les commandos présumeront qu'un de leurs obus de mortier aura causé l'explosion, mais les sources allemandes l'attribueront à l'attaque aérienne.

À 6 h 20, le tir d'une fusée Very déclenche de la part des deux groupes de commandos des charges simultanées** contre l'emplacement de la batterie, et le combat corps à corps qui s'ensuit provoque de

---

* Royal Navy Volunteer Reserve. (N.D.T)

* Quelqu'un a tout de même dû les apercevoir, puisque divers quartiers généraux allemands recevront par la suite des messages annonçant un débarquement à Quiberville. On se souviendra que, dans le scénario de rechange initial de RUTTER, c'est à cet endroit que les chars devaient débarquer.

** L'une est menée par le capitaine P.A. Porteous, de la Royal Artillery, qui est blessé trois fois et recevra par la suite une croix de Victoria.

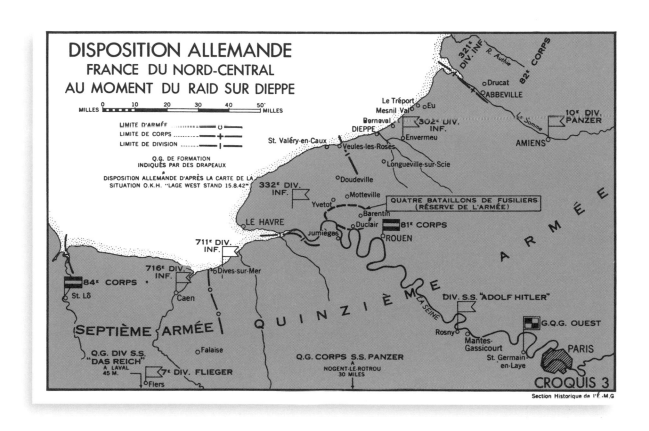

DISPOSITION ALLEMANDE
FRANCE DU NORD-CENTRAL
AU MOMENT DU RAID SUR DIEPPE

lourdes pertes dans les deux camps. Chez les Allemands, on déplore :

... trente tués, 21 blessés, parmi lesquels le commandant de la troupe grièvement blessé, récupérés par leurs propres unités; pour le moment [20 h 10] 10 disparus, probablement blessés en majorité, et récupérés par les troupes de relève... Un téléphoniste, dans le bunker téléphonique, a empêché l'ennemi de s'emparer de celui-ci, le défendant à lui tout seul jusqu'à ce qu'on le relève. Il a renvoyé une grenade à main qui avait été lancée dans le bunker; il est maintenant à l'hôpital, grièvement blessé. Les explosions ont endommagé les pièces, et le feu les a partiellement détruites.

Le gros du Commando N° 4 quitte ensuite les lieux par la plage Orange I. Quarante-six de leurs camarades ont été tués, blessés, ou sont portés disparus.

En dépit des calamités, des aléas et des lourdes pertes essuyées, l'une des attaques de commandos a été couronnée d'un succès total, et l'autre d'un succès considérable — des résultats que l'on peut attribuer à une planification soignée, faite par des hommes qui connaissent leur affaire, la création d'un certain effet de surprise, et une bonne dose d'initiative, d'improvisation et de courage. À présent, c'est au tour des Canadiens d'entrer en scène.

Le *Hauptmann* Richard Schnösenberg, commandant le bataillon responsable de la défense de Dieppe *Ost* — (Puys), le promontoire à l'est et le périmètre qui donne sur les terres (car les Allemands pratiquent la « défense tous azimuts ») — a tenu ses hommes debout pendant la majeure partie de la nuit, se livrant ainsi à un exercice de « vigilance accrue ». Il vient seulement de libérer les sentinelles, sauf celles qui officient en permanence, et de ramener son commandement à l'état d'alerte normal de l'aube, lorsque résonne l'appel officiel à la vigilance accrue, déclenché par la bataille du convoi. Il remet alors tout son bataillon en alerte.

Toutefois, la plupart de ses positions se trouvent sur le promontoire (axées sur Dieppe) et sur le périmètre situé du côté des terres. Quant à Puys (qui est alors, avec moins d'une vingtaine de maisons, bien plus petit qu'il ne l'est de nos jours), il est défendu que par deux pelotons — un de l'armée de terre et l'autre de la *Luftwaffe* — et par diverses troupes techniques, dont l'effectif total s'élève « probablement à bien moins d'une centaine d'hommes ».

La plage dont ces hommes sont responsables, d'à peine quelque 183 mètres de long, est dominée de chaque côté par une falaise escarpée. Sur le flanc abrupt de chacune de ces falaises, on a disposé deux blockhaus de béton pour pouvoir prendre en enfilade la plage qui les sépare. Une digue à contreforts de trois mètres de hauteur borde cette dernière sur environ les deux tiers de sa longueur. Ainsi qu'on le fait observer dans l'histoire régimentaire des Royals : « Tout bien considéré, il aurait été difficile de découvrir, sur tout le littoral européen, un endroit moins propice à un assaut par mer. »

La manœuvre de rassemblement des péniches de débarquement chargées

Une vedette de la Royal Navy escorte des LCT vers Dieppe. Le filet suspendu sur le côté de la vedette est destiné à faciliter l'embarquement ou le débarquement des soldats lourdement chargés. [ANC]

L'extrémité occidentale de la plage Bleue (Puys) en 1942. «Tout bien considéré, il aurait été difficile de découvrir, sur tout le littoral européen, un endroit moins propice à un débarquement d'assaut.» Le colonel Catto et son équipe ont gravi la pente à la droite de cette illustration. [MDN]

d'amener le *Royal Regiment* des LSI *Queen Emma* et *Princess Astrid* au rivage n'a pas très bien réussi. Par conséquent, ces péniches s'approchent du rivage en trois vagues distinctes, dont la première aborde avec une vingtaine de minutes de retard sur l'heure prévue, à 5 h 10, alors qu'il fait déjà jour. Une « enquête informelle » menée à bord du *Queen Emma* le surlendemain tentera de débrouiller la suite des événements.

Le lieutenant-commandant H.W. Goulding, RNR*, le navigateur spécialiste chargé de guider la première vague de sept LCA, venues du *Princess Astrid* jusqu'à la plage Bleue, estime que l'opposition initiale consiste en des « tirs de mitrailleuses légères ». C'est un homme d'expérience, auquel on a décerné une DSO pour ses « bons services sur les côtes ennemies »; il parle donc probablement en connaissance de cause. Il ajoute que « *le major [G.P.] Scholfield a immédiatement débarqué avec quelques hommes. Il a fallu décider les autres à les suivre* ».

L'officier responsable de la flottille, le lieutenant W.C. Hewitt, RNVR, décrira de façon éloquente, dans un compte rendu écrit, comment on s'y est pris pour « décider » les hésitants.

À 90 mètres de la plage, nous avons essuyé le feu de mitrailleuses légères à balles perforantes ainsi qu'un tir d'enfilade venu du blockhaus de droite. À bord de ma péniche, le major Scholfield, l'officier de l'armée de terre le plus élevé en grade, ainsi que l'officier de marine, ont tous deux été

blessés, car les balles tirées à mi-pente de la vallée s'abattaient dans l'embarcation.

Lorsque les soldats ont commencé à sauter sur la plage, les tireurs ennemis se sont déchaînés, et nos troupes ont subi des pertes avant de pouvoir atteindre l'abri de la digue. Cette circonstance a dissuadé les autres de débarquer, et seule une attitude ferme de la part des officiers de marine responsables de chaque péniche de débarquement a pu les obliger à suivre leurs camarades, sous la menace des revolvers.

Au cours de l'enquête, Hewitt s'étendra en partie sur ce sujet dans son témoignage verbal :

Q[uestion]. Pouvez-vous décrire le débarquement?

R[éponse]. *À une centaine de mètres de distance, nous sommes entrés dans la ligne de tir de mitrailleuses légères, dont les balles ont pénétré l'embarcation. Nous avons subi quelques pertes. J'ai alors demandé aux mitrailleurs Bren de riposter. Ils ont obtempéré avec une telle frénésie qu'ils ont tiré dans l'avant de la péniche.*

Q. Ont-ils provoqué des dégâts?

R. *Oui. Ils ont endommagé le coulisseau de la porte [la rampe], ce qui a bloqué celle-ci. Le major Scholfield l'a débloquée, et il a été le premier à quitter la péniche.*

Q. Quelle était l'attitude des soldats?

R. *Ils semblaient réticents à quitter les péniches. Le lieutenant-*

---

* Royal Navy Reserve. (N.D.T.)

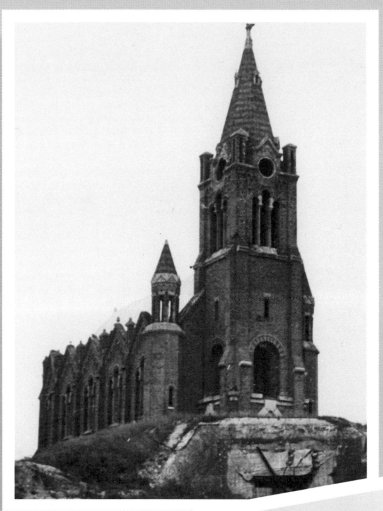

La chapelle de Notre-Dame-de-Bon-Secours, sur le promontoire à l'est, domine le port. En dessous, le bunker, nettement visible sur cette photographie, assure un secteur de tir dégagé sur les plages Rouge et Blanche. [MDN]

Un autre point de vue de la plage de Puys en 1944. Les obstacles du terrain, clairement visibles sur cette photographie, n'existaient pas en août 1942. [MDN]

89

commandant Goulding et moi-même les avons obligés à sortir. Ceux qui ont débarqué ont couru droit vers la digue, mais n'ont pas tenté de l'escalader. Ils ont laissé deux échelles d'escalade dans le bateau. À ce stade, nous essuyions un tir nourri en provenance des blockhaus.

Une deuxième vague de péniches de débarquement — en provenance du *Queen Emma* — aborde le rivage 15 ou 20 minutes après la première. Les occupants de deux d'entre elles « *débarquent immédiatement* », mais, selon le témoignage des marins, à bord de plusieurs autres se trouvent encore des hommes qui se montrent réticents à débarquer dans l'enfer de feu qui les attend. Pour sa part, le lieutenant E.C.W. Cook, RNVR, racontera qu'« *ils hésitaient à quitter le bateau, et il a fallu les faire débarquer de force. Il y avait un certain nombre de blessés à bord. Les hommes ont oublié leur attirail de mortier dans la péniche, mais ils ont fini par revenir le chercher* ».

À quoi ressemble la situation aux yeux d'un soldat de bonne volonté? « *On avait déjà tiré au-dessus de nous et autour de nous [à l'entraînement]*, racontera un officier de la deuxième vague, *mais personne ne nous avait jamais tiré dessus — et ça fait une grosse différence, une très grosse différence... Lorsque j'ai quitté la péniche d'assaut, j'ai peut-être vu une centaine de morts.* » Le choc psychologique aurait été rude même pour des hommes endurcis au combat; pour des néophytes, il est particulièrement brutal.

Le sergent J.E. Legate fait également partie de cette deuxième vague. « *Lorsque nous*

avons atteint la plage, la bataille était vraiment en bonne voie », racontera-t-il.

Lorsque j'ai débarqué [de la LCA], il y avait des morts et des blessés dans tous les coins. Le feu des mitrailleuses allemandes [passage incompréhensible] nous rendre où que ce soit pour les prendre à notre tour dans notre ligne de tir. Nous ne pouvions rien faire d'autre que rester près de la digue qui était là. À cause du feu croisé sous lequel nous étions pris, aucun d'entre nous ne pouvait s'écarter de cette digue de plus d'un demi-mètre, sans quoi son compte était bon. Il n'y avait personne pour s'occuper des blessés, et, même si quelqu'un l'avait voulu, il lui aurait été impossible de s'approcher d'eux. À ce stade, les Allemands commençaient à trouver la bonne portée pour leurs tirs de mortiers, et les obus pleuvaient autour de nous. Il était devenu impossible de donner l'ordre de tenter quoi que ce soit, de sorte que, c'était chacun pour soi. Voilà comment j'ai vu la bataille.

Les LCA du *Duke of Wellington* arrivent en tout dernier lieu, manœuvrées en grande partie par des marins canadiens, et transportant 110 hommes du *Black Watch of Canada*. À peine un peu plus de la moitié des Highlanders prennent pied sur le rivage, plus précisément sous la falaise, à l'extrémité est de la plage et, heureusement pour eux, hors de portée des mitrailleurs allemands. Quatre hommes seront tués, et parmi les huit blessés à déplorer, deux seront faits prisonniers par la suite, avec tous les hommes indemnes.

Sur la plage, devant la digue, quelques braves dressent des échelles d'escalade. On

L'esplanade de Dieppe peu après le raid, vue depuis le côté du château, à mi-pente du promontoire à l'ouest. Un obus de 10 centimètres semble avoir pénétré dans une tour du château (et le toit conique a été enfoncé). On peut distinguer sur la gauche, au second plan, une aile du casino et l'un des édifices temporaires que les Allemands ont érigés sur l'esplanade. [MDN]

Les plages Rouge et Blanche, vues d'un bunker situé sur la falaise à l'est, sous Notre-Dame-de-Bon-Secours. [MDN]

91

fait exploser un certain nombre de charges Bangalore dans les barbelés, mais aucun résultat marquant. Une équipe de mortiers « met en batterie un mortier de 8 centimètres sur les galets, et réussit à tirer trois obus avant d'être fauchée par les tirs de mitrailleuses ». Sur la plage Bleue, les prodiges de bravoure se soldent surtout par un passeport rapide pour l'au-delà. Vers la fin de la bataille — si on peut encore l'appeler ainsi — environ 25 hommes, selon un compte rendu allemand, « *foncent à quatre pattes à travers les réseaux de barbelés renforcés de mines, essuyant des pertes* ». L'auteur du rapport ajoute brusquement qu' « *ils sont anéantis à 8 h 15...* ».

Deux ou trois hommes semblent avoir réussi à franchir la digue et ses spirales de barbelés en empruntant une volée de marches ménagée dans un renfoncement, à son extrémité occidentale. Mais, un seul d'entre eux, le caporal suppléant L.G. Ellis (à qui on décernera par la suite la médaille du Service distingué — DSM), réussit à revenir, ayant erré seul dans le village pendant environ une heure avant que l'explosion d'une mine ne le blesse à la tête, à un bras et à une jambe.

Vers l'extrémité est de la plage, au point où la digue fait place à la falaise crayeuse du promontoire à l'est, un petit rentrant obstrué par des barbelés offre un abri relatif contre le tir d'enfilade meurtrier. Un nombre considérable, mais incertain, de Royals s'y réunit, au nombre desquels se trouvent leur commandant, le lieutenant-colonel Douglas Catto, et son officier observateur avancé d'artillerie, le capitaine G.A. Browne, de l'Artillerie royale canadienne

(qui recevront tous deux par la suite une DSO)*.

Sur cette partie de la plage, ne disposant pas de charges Bangalore, ils ouvrent une brèche à la main au moyen de cisailles. Peu après 6 heures, une vingtaine d'hommes, dont Catto et Browne, escaladent prudemment une étroite fissure dans la falaise, qui leur assure une certaine protection contre le feu de l'ennemi. Par malheur, un tir de mitrailleuse provenant d'une nouvelle position ennemie arrose bientôt l'ouverture qu'ils ont ménagée dans le barbelé.

« *Nous avons découvert que nous ne pouvions pas retourner sur la plage* », déclarera Browne au cours d'un interrogatoire, en 1943, après avoir réussi à échapper aux Allemands. « *Nous ne pouvions pas non plus retourner au bord de la falaise, à cause des tirs de mitrailleuses légères venant du flanc gauche, en haut du versant.* » Le petit groupe nettoie deux maisons, se heurtant à une « *résistance* » dans l'une, mais essuyant seulement « *un coup de feu ou deux dans l'autre* ».

À ce moment précis, le lieutenant Ryerson aperçoit dans la direction de

---

* L'opérateur radio de Browne a survécu au débarquement initial et transmet depuis à Roberts, à bord du *Calpe* (par l'intermédiaire d'un autre destroyer, le HMS *Garth*), des messages décrivant la situation désespérée qui règne sur la plage Bleue. Aucun de ces messages ne semble toutefois être parvenu à son destinataire sous sa forme d'origine. Le premier, reçu à 6h20, a été consigné ainsi : «Le R[oyal] Reg[imen]t [of] C[anada] n'a pas débarqué.» Vingt minutes plus tard, Roberts, qui croit encore que le bataillon n'a pas touché terre, lui ordonne de débarquer sur la plage Rouge pour apporter son appui aux Essex Scottish.

*Des soldats allemands occupent une tranchée simple sur l'esplanade de
Dieppe, du côté des terres. Le casino se dresse encore à l'arrière-plan
(à l'extrême gauche, sous le promontoire à l'ouest), ce qui semble
indiquer que la photo a été prise avant le 19 août 1942. [ECP Armées]*

Des soldats du Toronto Scottish Regiment
*servent une mitrailleuse antiaérienne à bord
d'une péniche de débarquement de chars en route pour Dieppe. [ANC]*

la maison fortifiée, sur le flanc gauche, une patrouille nombreuse qui se dirige vers nous en longeant la route entre les arbres.

Nous décidons de progresser... par la route bordée d'un mur, au sommet de la falaise, en profitant de l'abri des arbres aussi loin qu'ils s'étendent. Nous essaierons de rejoindre les Essex [Scottish]. Nous nous mettons donc en route vers Notre-Dame-de-Bon-Secours, en prenant par le petit bois qui se trouve immédiatement à l'ouest, au-dessus de la plage.

Lors de leur avancée, ils s'aperçoivent qu'ils sont entourés d'Allemands, et qu'il ne leur reste guère d'autre choix, s'étant enfoncés au plus fort des défenses de Schnösenberg, que de se cacher dans un taillis hospitalier.

On peut se demander pourquoi ils partirent dans cette direction. Le promontoire à l'est avait toujours été l'objectif principal des Royals, mais le simple bon sens aurait dû souffler à ces 20 hommes qu'ils ne sauraient prendre à eux seuls une position d'une telle importance tactique. Ils auraient également pu se rendre compte qu'ils avaient peu de chances d'opérer une jonction avec les Essex Scottish, car, quand bien même ces derniers auraient réussi leur débarquement, les canaux et les bassins du port, qui s'enfoncent à plus d'un kilomètre vers l'intérieur des terres avant de se fondre dans l'Arques, les en auraient encore séparé.

D'autre part, s'ils avaient attaqué et vaincu (voire simplement évité) cette « patrouille nombreuse » qui se dirigeait vers eux, 20 hommes ayant l'avantage de la surprise auraient très bien pu nettoyer une ou plusieurs des maisons fortifiées de Puys et, en tout cas, distraire suffisamment les derniers défenseurs pour permettre à certains de leurs camarades de quitter la plage.

Bien sûr, il est plus facile de disserter sur cela aujourd'hui que de se tenir à un plan strict d'action dans la dure réalité de la bataille, lorsque les « brumes de la guerre » obscurcissent la raison. Pourtant, on peut se demander ce que Peter Young et ses 20 commandos auraient fait dans la même situation. Il s'agit certainement d'un cas dans lequel une expérience du combat aurait été nécessaire pour prendre une décision. Entre-temps :

Un éclaireur de notre équipe, parti en reconnaissance sur la route, a été abattu. Les Allemands sont placés à chaque croisement de routes ou de chemins aux environs des mitrailleuses légères disposant d'un secteur de tir dans toutes les directions. Peu après 10 heures (ou peut-être plus près encore de 11 heures), alors que nous sommes dans le bois, nous entendons les survivants de la plage défiler près de nous sous bonne garde. Avant midi, il est manifeste, malgré tous les bruits d'armes à feu qui nous parviennent des plages Rouge et Blanche, et même de la Bleue, où il n'y a pas d'affrontements terrestres, que ceux-ci sont devenus rares, voire inexistants, et que l'opération s'est transformée en une bataille aérienne... La batterie [antiaérienne] de 6 pièces de 88 millimètres, perchée sur la falaise entre Notre-Dame-de-Bon-Secours et Puys, sert admirablement ses pièces.

Sur cette photographie, prise à l'entrée du port, les Canadiens morts
jonchent encore la plage Rouge. Au premier plan, une péniche de
débarquement d'assaut presque intacte. Derrière celle-ci,
une péniche de débarquement de chars en
train de brûler. [ECP Armées]

Vue de l'ouest de la plage Blanche, à partir d'un point
situé devant le casino. On aperçoit le promontoire à l'ouest, à gauche
de la tourelle du char et, à sa droite, les falaises au-delà de Pourville. Les
chars qui ont atteint l'esplanade sont retournés vers la plage pour servir
d'abris immobiles contre les balles, offrant un semblant de protection
aux fantassins coincés à cet endroit. [ECP Armées]

Elle a subi au moins quatre bombardements à basse altitude et nos chasseurs lui ont tiré dessus encore plus souvent à la mitrailleuse après 10 heures, pendant que nous assistions au spectacle...

Par deux fois, nous sommes allés en reconnaissance jusqu'au bord de la falaise pour voir ce qui pouvait se passer à Dieppe, mais nous ne pouvions distinguer ni la plage, que la courbe des falaises dissimulait tout juste à nos yeux, ni aucun indice de la présence de navires. Nous avons tout lieu de croire que nous sommes pris au piège. Après mûre réflexion, nous prenons la décision de nous rendre; ce que nous faisons à 16 h 20.

De l'autre côté de Dieppe, à Pourville, la première vague des péniches de débarquement à bord desquelles se trouve le *South Saskatchewan Regiment* a quitté les LSI *Princess Beatrix,* et *Invicta* atteint le rivage à l'heure prévue sans qu'un seul coup de feu soit tiré. La plage Verte, qui couvre près de 550 mètres, est considérablement plus longue que la Bleue. Quant à la digue, elle n'est pas tout à fait aussi haute, mais elle s'élève à deux mètres et demi par endroits. Presque au milieu — et certainement plus à l'ouest qu'aujourd'hui, depuis qu'on l'a canalisée — la Scie se jette lentement dans la Manche, à travers une série d'écluses.

À l'extrémité de la plage Verte où s'étend Dieppe, une falaise abrupte borde le promontoire à l'ouest, au sommet duquel se trouve la station radar. À son autre extrémité, une falaise sensiblement moins élevée, mais néanmoins imposante, marque la fin d'une crête boisée qui s'étend vers l'intérieur des terres, formant l'arête occidentale de la vallée de la Scie. La moitié des South Saskatchewans auraient dû débarquer à l'est du fleuve, juste sous le promontoire de Dieppe, d'où ils auraient pu s'enfoncer rapidement vers l'intérieur et, après un crochet, s'attaquer aux défenses de la station radar par la pente plus douce du versant opposé.

En fait, ils débarqueront presque tous à l'ouest du fleuve. Heureusement, l'absence d'opposition initiale leur permet de franchir rapidement la digue (et même assez aisément pour la plupart d'entre eux). Se dirigeant vers la gauche, ceux qui se destinent à Dieppe et à la station radar doivent ensuite traverser le village et la Scie, avant de s'approcher de leurs objectifs immédiats.

La puissance des tirs ennemis s'intensifie très rapidement. Quelques hommes franchissent à gué, à l'abri du pont routier enjambant la Scie, qui n'est alors qu'un ruisseau marécageux, juste en amont des écluses*. D'autres, qui tentent de s'élancer à travers ce pont, ne réussissent qu'à se faire faucher par les tirs de mitrailleuses et de mortiers venus des hauteurs de l'autre rive. Le commandant des South Saskatchewans, le lieutenant-colonel Cecil Merritt, remporte la première des deux croix de Victoria (VC) décernées à des Canadiens pour le raid de Dieppe. Il « *a mené plusieurs équipes à travers le pont... que balayaient sans relâche des tirs de mitrailleuses, de mortiers et de canons de campagne. Il a lui-même franchi le pont à*

---

* En aval des écluses, ce n'est plus qu'«un mince filet d'eau s'écoulant d'un conduit de briques de presque deux mètres de haut qui débouche au-dessus de la laisse de haute mer».

Sur la plage Rouge, un Canadien blessé aperçoit, vers l'est, les corps de ses camarades gisant sur la grève. La chenille brisée, sur le char, est probablement attribuable à un obus allemand plutôt qu'à un galet français. [ECP Armées]

*Pendant que la marée monte,
des spécialistes du renseignement allemands
fouillent la tourelle et le compartiment de pilotage de ce char,
à la recherche de documents (cartes, ordres, manuels d'entretien, etc.)
qui pourraient s'avérer utiles. C'est ainsi que deux exemplaires de l'ordre
d'opération apportés sur le rivage sont tombés entre les mains des Allemands. [ECP Armées]*

plusieurs reprises... Ses hommes le suivaient admirablement, mais ils tombaient comme des quilles », racontera le capitaine H.B. Carswell.

Ceux qui, de quelque manière que ce soit, sont parvenus à franchir la Scie, se heurtent à un réseau savant de tirs de mortiers et de mitrailleuses qui s'appuient mutuellement. Recourant à des tactiques de feu et de mouvement, certains tentent de se faufiler à travers les clôtures de barbelés qui encerclent la station radar. Mais ils ne réussissent qu'à se faire prendre sous un tir d'enfilade parti des environs de la ferme des Quatre-Vents, plus loin vers l'intérieur. Parmi ces hommes se trouve le sergent W.A. Richardson.

L'ennemi se trouve à environ 500 mètres, mais son tir est très précis... Nous élaborons un plan d'attaque, mais, comme nous ne pouvons communiquer avec la marine pour obtenir un barrage d'appui sur la colline qui s'élève à notre droite [vers la ferme des Quatre-Vents], nous l'abandonnons, car il est impossible de franchir une telle étendue de terrain découvert sans appui-feu.

... Le capitaine Osten et environ 25 militaires du rang tentent de grimper la pente sur la gauche, mais ils sont repoussés par un tir nourri de mortiers...

Nos adversaires combattent bien à distance, mais ils ne se montrent pas enclins à contre-attaquer. Pourtant, ils semblent en bonne position pour nous couper la retraite, à condition de faire preuve d'initiative et de cran.

Ayant franchi la Scie, les South Saskatchewans n'ont pas à essuyer de pertes excessives, mais ils restent incapables d'atteindre leurs objectifs. Bien sûr, les Allemands, en grands professionnels, seraient insensés de lancer des contre-attaques, puisqu'ils sont largement inférieurs en nombre. Ils ont plutôt intérêt, pour l'heure, à défendre leurs positions fortifiées. Ils parviennent à contenir ainsi les attaquants, et n'ont pas réellement besoin d'en faire plus. Pour en venir à déployer des contre-attaques, probablement coûteuses, autant attendre l'arrivée de renforts.

De l'autre côté de Pourville, la Compagnie « C » des South Saskatchewans connaît plus de succès. Le Peloton N° 14 a perdu près de la moitié de ses effectifs avant même de quitter la LSI *Invicta*, un maladroit ayant fait exploser une grenade en y insérant la fusée. Pourtant, ainsi que le fait remarquer le sergent du peloton, *« le fait que [celui-ci] ne compte plus que 16 hommes n'inquiète pas M. [le lieutenant] Kempton »*, son jeune commandant.

Nous avons fait quelques prisonniers, mais M. Kempton, étant décidé à atteindre l'objectif, les remet à un autre peloton et continue d'avancer.

En approchant de l'objectif, M. Kempton insiste pour s'avancer seul et y jeter un coup d'œil avant de nous laisser l'attaquer, car... il ne veut pas que l'exécution de notre plan d'attaque nous attire des ennuis en raison de notre effectif insuffisant. À son retour, il réorganise ce plan et mène lui-même la charge... L'attaque est couronnée de succès, grâce à l'ascendant extraordinaire qu'il possède sur ses hommes et à leur détermination à le suivre où qu'il aille.

Une fois consolidée notre victoire, M. Kempton amène quelques hommes

Peut-être la plus célèbre des photographies de Dieppe, mais les légendes
mentionnent rarement le fait que le deuxième corps, à partir du bas
de l'image, serait, d'après le style de ses guêtres, celui d'un
Ranger de l'armée de terre américaine.
[ECP Armées]

Le bras encore dressé dans une attitude d'agonie, ce cadavre atrocement
brûlé gît sur les galets jonchés de barbelés de la plage Rouge. Ce soldat
était probablement un sapeur portant sur son dos des explosifs brisants,
qui se sont enflammés sous le tir de l'ennemi. En effet, les Allemands
n'ont pas utilisé de lance-flammes à Dieppe. [ECP Armées]

devant notre position et explore les bâtiments agricoles sur nos flancs droit et gauche, à la recherche de tireurs embusqués... Il rend ensuite compte de nos succès au commandant de la compagnie.

Vers 9 h 45, nous voyons arriver une voiture isolée sur la route qui mène à la ville, et que nous tenons sous le feu de nos armes, mais M. Kempton, qui n'est pas homme à se laisser berner aussi aisément, ne donne pas l'ordre de tirer dessus. Elle fait bientôt demi-tour, s'en retournant comme elle est venue, et disparaît dans la nature à quelque 2 000 mètres. Bientôt, nous pouvons voir l'ennemi quitter le couvert des arbres, et une section s'engage sur la route dans notre direction, suivie peu après de troupes plus importantes. Nous les laissons s'approcher à bonne portée avant d'ouvrir le feu avec toutes nos armes, pratiquant des coupes sombres dans leurs rangs avant qu'ils aient eu une chance de se mettre à l'abri de chaque côté de la route.

Ils retournent à l'abri des arbres et amorcent une manœuvre en tenailles contre nous. M. Kempton me dit : « Nous sommes dans un sale pétrin, maintenant, car nos flancs sont sans protection, sauf celle que nous pouvons assurer nous-mêmes. Ça m'ennuie de garder nos gars [ici], mais on compte sur nous, dans la ville, alors il va falloir tenir le coup jusqu'à ce que les autres nous arrivent dessus, puis faire de notre mieux pour décamper à ce moment-là. » Il rend compte au QG de la compagnie en lui indiquant notre

position, puis s'occupe de préparer notre repli.

Si l'on relate ici l'expérience du 14ᵉ Peloton avec un tel luxe de détails, c'est parce qu'elle illustre remarquablement le cas d'un commandant de peloton assumant toutes les responsabilités d'un officier subalterne. Pourtant, en dépit de la grave perte de la moitié de leur effectif au cours d'un accident précédant le raid, ces Canadiens favorisés par le sort ont eu droit à un baptême du feu des plus raisonnables, bien moins rude que celui subi par les Royals à Puys. Grâce à l'excellente direction de Kempton, ils sont parvenus à rendre coup pour coup, et même davantage.

Une demi-heure après le South Saskatchewan, le *Queen's Own Cameron Highlanders*, qui, comme les commandos de Durnford-Slater, a traversé toute la Manche à bord de ses petites LCP(L), parvient à la plage Verte. Aux approches du rivage, le patron de la R-135, le matelot de deuxième classe Kirby, cède la barre à son matelot de pont et se prépare à allumer le générateur de fumée, à l'avant.

Devant nous, l'eau commence à entrer en éruption comme un énorme volcan sous-marin lorsqu'une averse d'obus de mortiers s'y abat. La fumée sort à flots de notre générateur et s'amoncelle derrière nous en gros nuages qui obscurcissent tout dans cette direction. Nous nous enfonçons dans le rideau de tirs de mortiers, dont le bruit est assourdissant. Et encore, s'il n'y avait que le bruit, mais la secousse produite par chaque explosion nous écrase les tympans comme si on nous frappait à coups d'oreillers géants...

Cet homme est probablement mort avec ses bottes, mais, où étaient-elles lorsqu'on a pris cette photographie? On peut encore voir sa gourde, son casque et son masque à gaz. [MDN]

À bord d'une LCA, un blessé, le visage couvert de pansements de combat, attend, au milieu des débris de la bataille, de recevoir des soins. [ECP Armées]

Accroupi derrière le générateur de fumée, je suis à demi trempé par l'eau qui retombe sur moi en cascade...

Je vois le commandant du peloton de Camerons pointer le doigt vers sa droite. En regardant dans cette direction, j'ai la surprise d'apercevoir un cornemuseur planté sur le gaillard d'avant du deuxième bateau, jouant paisiblement de son instrument comme s'il était tout seul dans un champ de bruyère... Juste avant l'accostage, le choeur saccadé d'un certain nombre d'armes automatiques, venu des falaises qui jaillissent de chaque côté de la grève caillouteuse, s'ajoute au fracas ambiant.

Le concert de grondements, de déflagrations, de pétarades et de claquements atteint un tel paroxysme que c'est tout juste si j'arrive encore à me rendre compte de ce qui se passe autour de moi.

Au moment même où les Camerons bondissent de leurs péniches, leur commandant, le lieutenant-colonel Alfred Gostling, est tué d'une balle dans la tête, car les défenseurs du promontoire à l'ouest tiennent maintenant la plage sous leur feu. « *Aucune tâche précise n'avait été assignée aux compagnies, car on estimait que le débarquement risquait d'être accompagné d'une certaine confusion, et qu'il valait mieux laisser le commandant de chaque compagnie réagir en fonction de la situation.* » Il y a là un contraste intéressant avec la planification préalable des commandos de Lovat, par exemple, chez lesquels, « grâce à la répartition planifiée des places à bord des LCA, aucune réorganisation n'a été nécessaire au moment du débarquement ».

Effectivement, le débarquement ne se déroule pas sans « une certaine confusion », puisqu'on dépose ce bataillon sur les deux rives de la Scie (comme on aurait dû le faire pour les South Saskatchewans) au lieu de le débarquer, comme prévu, entièrement à l'ouest. N'ayant pas de tâche déterminée, ceux qui ont débarqué à l'est du fleuve se retrouvent tout naturellement « *en contact étroit avec le colonel Merritt et combattent sous ses ordres* », au lieu de s'avancer vers les objectifs de leur propre bataillon. En d'autres circonstances, une telle improvisation aurait pu transformer n'importe quel succès bien préparé en un désastre, mais, ce jour-là, le désastre règne déjà en maître.

Les Camerons sont censés se rendre à Arques-la-Bataille et à Saint-Aubin en longeant la rive est de la Scie. Mais, en l'absence d'un chemin sûr permettant de traverser le fleuve à Pourville ou à proximité, le reste du bataillon, sous les ordres de son ex-commandant adjoint, devenu son nouveau commandant, le major A.T. Law, gravit le versant ouest de la vallée, harcelé par le tir à longue portée provenant du secteur des Quatre-Vents, sans cependant rencontrer d'opposition vraiment sérieuse. Pourtant, si on avait également débarqué à Pourville un escadron de chars — peut-être l'escadron qui n'a jamais débarqué sur les plages Rouge et Blanche — il aurait pu venir en aide aux South Saskatchewans pour prendre la station radar, et aurait permis aux Camerons d'avancer bien plus rapidement.

Au moment d'atteindre Petit-Appeville, à deux kilomètres et demi de Pourville vers l'intérieur des terres, les Camerons n'aperçoivent aucun signe des chars avec

Ce char a atteint l'esplanade, mais il a apparemment glissé de côté dans une sorte de fosse, ou peut-être un réseau de tranchées, où il aura été immobilisé.
[ECP Armées]

Debout au milieu des cadavres, un officier allemand portant le ruban de la croix de fer parle à deux hommes, peut-être des prisonniers canadiens, pendant qu'un soldat allemand, les mains sur les hanches, évalue les dégâts.
[ECP Armées]

lesquels ils sont censés faire une jonction. Étant donné que « le temps commence à manquer » — en fait, la durée du raid ayant été ramenée de deux marées à une seule, il n'y a jamais eu assez de temps pour réaliser cette expédition — Law décide d'abandonner le plan primitif, préférant franchir le fleuve par le pont de Petit-Appeville et « s'emparer de la hauteur, sur la rive opposée », où s'élève la ferme des Quatre-Vents. Cependant :

On voit maintenant s'avancer des troupes ennemies à travers les hauteurs du Plessis. À peu près en même temps, la Compagnie « A » met hors de combat un détachement de mortiers hippomobile au moment où celui-ci s'approche du pont par le sud. Trois pièces de campagne ennemies d'appui rapproché, également hippomobiles, qui arrivent par la même route, réussissent à franchir le pont et à prendre des positions commandant celui-ci. On ouvre le feu sur ces pièces avec des armes légères, mais sans effet, car elles sont bien protégées.

Law en conclut qu'il n'y a aucune chance de s'ouvrir un chemin à travers le pont — personne ne semble s'être avisé que le cours d'eau est guéable à de nombreux endroits — et, vers 9 h 30, il donne l'ordre de se replier sur Pourville. Il reçoit aussitôt un message radio annonçant qu'on procédera bientôt à l'évacuation des plages, avant l'heure initialement fixée. Quelques minutes auparavant, la 10 Panzerdivision, à Amiens, a signalé que son avant-garde serait prête à se mettre en branle à 9 h 45, et que le gros de ses forces suivrait à 11 heures.

Pendant qu'ont lieu tous ces événements sur le flanc droit, à gauche, le sergent de section Nissenthal et son escorte semblent s'être approchés de très près de la station radar. Ils ont coupé certains câbles qui y mènent, mais, comme tous ceux qui les ont précédés, ils demeurent incapables de pénétrer dans le périmètre et rien n'indique que leur participation ait eu une quelconque incidence sur la guerre scientifique entourant les radars.

À la guerre, même les choses les plus simples, selon Napoléon, s'avèrent difficiles. Idéalement, tous les débarquements auraient peut-être dû être menés simultanément, au début du crépuscule nautique, ce qui aurait assuré un effet de surprise intégral. Toutefois, le nombre de navires participant à l'opération, leur vitesse et leurs qualités extrêmement inégales, l'encombrement inévitable qu'on aurait provoqué en tentant de débarquer tous les combattants en même temps, sont autant de facteurs qui avaient décidé la marine à proscrire cette manière de procéder pour RUTTER, et JUBILEE avait hérité de cette prévention. Il fut donc décidé d'échelonner les débarquements.

Si tout s'était déroulé comme prévu, les Royals et les South Saskatchewans auraient pris possession des falaises qui dominaient la plage principale de Dieppe au moment où le RHLI, les Essex Scottish et les chars des Calgarys l'atteignaient. Pourtant, même si l'opposition à Puys et à Pourville avait été plus faible, et les Canadiens plus audacieux, si l'effet de surprise avait joué et si la « friction de la guerre » avait été minime, des planificateurs bien informés auraient accordé aux deux forces de flanc une heure complète (et des attaquants expérimentés l'auraient exigée) pour atteindre ces objectifs,

On aperçoit sur cette photographie les tuyaux d'échappement en forme d'Y, permettant aux chars d'avancer dans un mètre et demi d'eau. Ces derniers ont résisté aux assauts alors que les prises d'air, bien plus grandes mais moins robustes, ont disparu. [ECP Armées]

Il semble que l'équipage de ce char ait fait pivoter celui-ci de 180° lorsque, après avoir atteint l'esplanade, sa chenille droite s'est brisée. Ainsi, le blindage de l'engin a protégé les tankistes pendant qu'ils s'échappaient par l'écoutille latérale restée ouverte. L'axe destiné à recevoir les tapis d'assaut, à l'avant du char, ainsi que les prises d'air et les tuyaux d'échappement «étanches», à l'arrière, sont encore intacts. [ECP Armées]

ainsi qu'on l'avait stipulé dans le plan initial de RUTTER. La demi-heure allouée par les planificateurs de JUBILEE était ridiculement insuffisante.

En l'état des choses, les troupes de flanc, au terme du délai prévu, sont encore bien loin d'avoir atteint leurs objectifs, et l'assaut de front fait alors face à un ennemi parfaitement réveillé, occupant des positions idéales pour faucher l'infanterie qui s'avance. Les seuls facteurs modérateurs résident dans une attaque à temps, livrée par des Hurricane armés de canons, contre les maisons du front de mer, et dans la fumée que répandent simultanément deux Boston sur les promontoires. Mais les Hurricane ne restent pas même cinq minutes sur place, et la fumée s'envole vers l'intérieur des terres, presque aussi vite qu'elle est répandue.

Les plages Rouge et Blanche réunies s'étendent sur plus d'un kilomètre et demi, mais la distance entre les deux promontoires est légèrement supérieure, la falaise est étant séparée de la plage Rouge par l'entrée du port. Ici, la digue est bien moins haute qu'à Puys ou à Pourville — 60 à 75 centimètres — et, derrière elle, une esplanade, en grande partie dégagée, d'environ 110 mètres de large, s'étend jusqu'aux immeubles qui bordent le boulevard Foch, du côté des terres.

Sur la plage Blanche (l'extrémité occidentale), le complexe néo-classique du casino, puissamment fortifié, s'avance à travers l'esplanade et atteint presque la digue. Juste à l'est du casino, les Allemands ont construit quelques cabanes provisoires qui mettent leurs occupants un peu « à l'abri des regards », à défaut de les protéger des

projectiles. En outre, ils ont parsemé l'esplanade de petits réseaux de tranchées, frêles avant-postes pour la plupart inoccupés.

Au sommet et à l'intérieur des falaises, des centres de résistance disposent de secteurs de tir incomparables sur les plages et l'esplanade. La falaise à l'est (sur laquelle se dresse la chapelle de Notre-Dame-de-Bon-Secours) est la plus puissamment armée et fortifiée des deux, car sa garnison a pour principale responsabilité de garder l'entrée du port. À des portées variant de 275 à 1 372 mètres, des mitrailleuses, de l'artillerie légère de divers calibres et des mortiers jouissent de secteurs de tir parfaitement dégagés sur 90 % de la plage Rouge et de l'esplanade qui la prolonge.

L'infanterie arrive à l'heure prévue, 5 h 20, mais les premières LCT transportant les chars des Calgarys « touchent terre avec environ 10 ou 15 minutes de retard ». En étant plus ponctuels, ces chars auraient-ils apporté à l'infanterie le surcroît d'assurance nécessaire (et l'aide pratique, avec leurs pièces de 2 et de 6 à grande vitesse initiale et leurs mitrailleuses coaxiales) pour « bondir à l'assaut » de l'esplanade? Sans doute pas, mais qui pourrait affirmer avec certitude la tournure qu'auraient pu prendre les événements si les circonstances avaient été différentes?

« *Les tirs subissent une brève accalmie lorsque nous touchons terre, puis ils reprennent avec une intensité terrifiante...* », racontera le lieutenant-colonel Robert Labatt, du RHLI. C'est dans un camp de prisonniers allemand qu'il rédigera d'abord ce compte rendu, qu'un officier rapatrié pour raisons de santé, en 1944, emportera clandestinement

*Sur la plage Blanche, les blessés attendent l'arrivée des
secours, parmi les morts dont les corps n'ont
pas encore été inhumés.
[ECP Armées]*

*Sur la plage Rouge, des Canadiens
blessés gisant parmi leurs
camarades morts attendent
l'arrivée des secours. [ECP Armées]*

avec lui. « *Pliés en deux, nous traversons la plage sur environ 23 mètres, puis nous nous jetons à plat ventre.* »

Le peloton de protection [commandé par le capitaine W.D. Whitaker] se déploie en éventail, et mes signaleurs m'accompagnent. Je rends compte à la brigade de notre débarquement, puis je regarde autour de moi. La compagnie de droite passe un mauvais quart d'heure. Deux de ses bateaux ont été touchés et ballottent mollement contre la plage. À dix-huit mètres en avant, la compagnie du centre est en train de traverser les barbelés. La compagnie de gauche et les Essex ont débarqué; ils sont en train de franchir la plage.

Toutes les positions allemandes sur la falaise, dans le casino, sur la jetée et le long de la digue crachent le feu à tout-va. À 45 mètres, un combat terrifiant fait rage pour les blockhaus du casino.

Labatt établit son PC de bataillon au creux d'une légère dépression dans les galets, mais il est pratiquement impuissant. Ainsi qu'il l'observe dans son rapport : « *C'est encore en grande partie une bataille de commandants de compagnie et de peloton...* » Un peu plus tard, le brigadier Lett, incapable de débarquer d'une LCT qui a été très endommagée en mettant ses chars à terre, est grièvement blessé (de même, la plupart des membres de son petit état-major tactique se feront tuer ou blesser). Le commandement de la 4e Brigade passe donc à Labatt, à titre de plus ancien commandant de bataillon, mais cette nomination ne signifie pas grand-chose.

Une évaluation rapide révèle une situation passablement désespérée... Ma compagnie de droite a été pratiquement anéantie avant d'atteindre les barbelés, et ses survivants sont cloués au fond de petites dépressions dans les plages. Au centre, nous avons traversé les barbelés et pris le casino, et de petites équipes ont pénétré dans la ville. Cette opération nous a coûté cher, et a fauché la plus grande partie de la compagnie du centre et de la compagnie de réserve. La compagnie de gauche a atteint l'esplanade, pour y être pratiquement exterminée. Ses survivants se sont déplacés vers la droite, opérant leur jonction avec les unités qui entourent le casino... La plage est un piège mortel, criblée par des tirs de mitrailleuses provenant de quatre directions et des tirs de canons et de mortiers venus de trois.

Le casino s'avère abriter, outre les salles de jeux principales, un labyrinthe de corridors, d'alcôves et de petites pièces où des corps à corps désespérés prennent naissance; les Canadiens finissent par faire une vingtaine de prisonniers, qu'ils ne ramèneront d'ailleurs pas tous avec eux en quittant les plages. On lie les mains à quelques-uns d'entre eux pour faciliter leur surveillance, en dépit d'une disposition de la Convention de Genève qui interdit expressément un tel traitement*.

---

* Pour des raisons évidentes, les commandos ont coutume de lier leurs prisonniers, ce qui contrarie fort Hitler. Peu après Dieppe, celui-ci se venge en ordonnant de mettre aux fers les commandos et les Canadiens faits prisonniers. Ripostant du tac au tac, le gouvernement britannique agit de même avec un nombre équivalent de prisonniers allemands, et tente de persuader le gouvernement canadien d'imiter son exemple. Le Cabinet refuse, ce qui est tout à son honneur, et les Allemands abandonneront graduellement la mise aux fers des Canadiens.

Après la bataille, les plages Rouge et Blanche offraient aux photographes des sujets plus spectaculaires que la Bleue et la Verte, plus difficiles d'accès. Cette photographie, cependant, pourrait représenter la plage Bleue. [ECP Armées]

Ce soldat, empêtré dans les barbelés, semble avoir perdu une jambe lors d'une explosion. Quelqu'un a tenté de panser sa blessure, mais les attaques de l'ennemi ont rendu cette tâche impossible. [MDN]

Un groupe d'environ 14 Rileys réussit à pénétrer dans la ville en traversant le casino.

Le capitaine [A.C.] Hill nous conduit à travers la cour et jusqu'à l'hôtel Regina. Les tirs de mitrailleuses sont nourris, et j'ai même vu les traçantes passer devant nous. Nous nous rendons jusqu'au cinéma, en traversant l'hôtel, puis nous remontons une venelle. Les tireurs embusqués nous nuisent beaucoup. Nous ne pouvons pas voir la lueur de départ des fusils, et nous ne pouvons repérer ceux-ci. Des femmes nous font des signes au passage. Un civil nous salue d'une main en tenant un pistolet de l'autre; il tombe sous nos balles. Près de l'église [Saint-Rémy], nous tombons sur un groupe d'ennemis. Le SMC Stewart les disperse à la mitrailleuse Bren en tirant de la hanche.

La plus grande partie de l'heure qui suit se passe à parcourir les rues voisines de l'église Saint-Rémy, et à échanger sporadiquement quelques balles avec des Allemands ébahis, sans grand effet d'un côté ni de l'autre. Ils restent ensuite près de deux heures terrés dans un théâtre situé derrière le casino. À ce stade, ils se rendent fort bien compte qu'ils ne peuvent compter sur l'arrivée de renforts impressionnants. Finalement, ils voient des soldats allemands *« converger vers le théâtre dans plusieurs directions »*, et se replient à toute allure au casino. Hill recevra la croix Militaire pour sa bravoure, et Stewart une médaille de Conduite distinguée (DCM).

Un peu plus tard, le sergent suppléant G.A. Hickson, du Génie royal canadien, ayant pour tâche de détruire le central téléphonique de Dieppe, mais qui a été entraîné dans la bataille pour le casino lorsqu'il est devenu évident que le central était inaccessible, organise un autre groupe composé de Rileys et de ses propres confrères, en vue d'une incursion dans la ville. Ils seront également la cible des tireurs embusqués.

Les hommes sont très surpris de découvrir que, malgré tout, un certain nombre de civils, ou en tout cas de personnes en tenue civile, se déplacent librement dans les rues et ne tentent aucunement de s'abriter. Après avoir surveillé attentivement la situation durant un certain temps, nos hommes en viennent à la conclusion que ces « civils » sont là, en fait, pour révéler aux tireurs embusqués ennemis la position de chaque soldat canadien. Ils nettoient donc les rues à la mitrailleuse légère Bren... Ils s'emparent d'une maison, exterminant le groupe de fantassins allemands qui la défendait. Cette maison est le théâtre de combats au corps à corps. Les munitions s'épuisent... avant de se retirer, nos hommes font le plus de dégâts possibles, notamment en coupant les câbles téléphoniques. Sur le chemin du retour vers le casino, ils entendent la sirène qui annonce la retraite.

Hickson recevra lui aussi une DCM bien méritée.

Pour leur part, les Essex Scottish ne jouissent pas même de la protection relative offerte par le casino. La falaise à l'est dresse sa masse menaçante au-dessus d'eux, et, de l'autre côté d'une digue couverte de barbelés, 110 mètres d'esplanade découverte les attendent. C'est dans une situation pareille que, pour citer encore une fois les

Le lendemain de la bataille, une
péniche de débarquement de chars
au flanc percé et à la
superstructure très abîmée
continue de brûler. [ECP Armées]

instructions du général américain George Marshall au colonel Truscott, « rien ne saurait remplacer le combat réel pour préparer psychologiquement les hommes à affronter les tensions nerveuses et les incertitudes d'une bataille ».

Leur seul espoir de succès — en réalité, le seul espoir de survie pour nombre d'entre eux — consisterait à franchir l'esplanade sur-le-champ, en se résignant à subir les pertes nécessaires. Malheureusement, une grande partie des hommes sont tout simplement pétrifiés par le choc terrifiant d'un combat intense —le bruit assourdissant des obus de mortiers éclatant sur les galets, les rafales saccadées des tirs de mitrailleuses, le hurlement des moteurs d'avion poussés à leur maximum, le grondement perçant des pièces de campagne et des canons antichars ou antiaériens, ainsi que par les cris et les gémissements de leurs camarades blessés.

Il y a pourtant des braves parmi eux. Selon le capitaine D.F. McRae, un officier attaché du *Stormont, Dundas and Glengarry Highlanders*, « *les Essex Scottish ont riposté par-dessus la digue et ont fait au moins trois tentatives opiniâtres pour franchir celle-ci, mais, à chaque fois, ils se sont fait tailler en pièces à coups de canons et de mitrailleuses* ». Les plus braves sont bientôt morts ou grièvement blessés, tout comme ceux de la plage Bleue : « *Le détachement de mortiers a tiré sur son objectif jusqu'à ce qu'il soit détruit par les tirs d'artillerie.* » McRae observe également que « les brancardiers et les soldats indemnes ont fait tout leur possible pour soigner » les premiers blessés. Pourtant, si cruel que cela puisse paraître, ceux qui ont eu la bonne fortune de sortir indemnes du débarquement devaient consacrer toute leur énergie à franchir l'esplanade, et non à secourir leurs camarades blessés.

Comme toujours, il y a des exceptions dignes d'être mentionnées. Le sergent-major de compagnie, Cornelius Stapleton, à la tête d'un peloton spécialement constitué de cuisiniers et de chauffeurs, qui a pour mission de « protéger » le PC du bataillon, a quitté à pied sec une péniche de débarquement d'assaut, épargnée pendant l'approche. Ayant passé les deux derniers mois en affectation détachée, loin de son bataillon, il n'a pas participé à l'entraînement intensif sur l'île de Wight, mais il comprend d'instinct que la plage n'est pas un endroit où il convient de s'attarder.

Réunissant neuf ou 10 de ses hommes, il fonce vers un point faible de la ligne de barbelés que les Allemands eux-mêmes, avec leurs obus de mortiers, viennent de couper et d'aplatir partiellement. Il conduit ses hommes à travers l'ouverture, puis leur fait franchir l'esplanade, sans que personne soit touché.

J'attribue ça à la chance dans une proportion de 90 %, et au fait que nous étions en plein milieu [des plages], là où on penserait que tout le monde, sur les collines [c.-à-d. les falaises], aurait pu très facilement concentrer son tir sur nous, mais l'ennemi était tellement occupé par ce qui se passait devant lui qu'il ne se comportait probablement pas comme il l'aurait dû.

Sept hommes sur neuf sont touchés parmi un groupe qui tente de passer peu après, et les deux hommes indemnes rejoindront Stapleton dans la ville. Il ne fait aucun doute

L'intérieur d'une LCA, jonché de
cadavres et de leur équipement,
probablement atteinte d'un obus
de mortier au moment d'aborder.
[ECP Armées]

que la chance a joué un rôle dans les deux cas, mais, si tous les hommes indemnes avaient essayé d'en faire autant plus ou moins simultanément, peut-être la moitié d'entre eux — voire les trois quarts — auraient-ils atteint le boulevard sains et saufs, car le feu de l'ennemi aurait été dispersé en conséquence.

Stapleton et ses hommes se dirigent vers les immeubles qui bordent l'avant-port, franchissant prudemment les rues intermédiaires.

Nous repérons un petit navire de type remorqueur avec pas mal de marins à bord, qui s'approche [dans le canal du port] pour s'amarrer au mur, de l'autre côté. Nos hommes veulent ouvrir le feu. Je leur dis : « Attendez qu'ils s'amarrent, qu'ils soient immobiles... » Ils s'amarrent; il leur faut escalader une échelle de 3 ou 4,5 mètres jusqu'au sommet du mur, alors, ils commencent à grimper, et je dis : « Maintenant », et nous les arrosons copieusement. Nous sommes incapables, à cette distance, de dire combien nous en touchons vraiment, ou s'ils se précipitent simplement à l'abri...

Faisant preuve d'une rare combinaison de courage et de jugement sous la pression des circonstances, Stapleton prend beaucoup de risques, mais aucun qui ne soit sensé ou nécessaire. On lui décernera la DSM, que peu d'hommes ont fait davantage pour mériter. Retournant dans la vieille ville, entre le port et l'esplanade, il voit :

... un vieux monsieur à sa fenêtre, à l'étage... montrant l'extrémité de la rue, nous avertissant qu'il y a quelque chose par là. Alors, nous devenons très prudents et nous jetons un coup d'œil après le coin. Il y a un camion devant l'immeuble, et les Allemands... qui montent dans ce camion... Alors, nous les attendons. Je ne sais pas combien ils sont autour du camion; je crois en avoir vu environ six ou huit sortir en courant de l'immeuble pour s'y engouffrer, puis le dernier est monté, et le camion a démarré.

Il s'est mis en branle, se dirigeant droit vers nous, alors j'ai dit : « Tirez maintenant; allez-y! » Nous avons peut-être lâché huit ou 10 bonnes rafales de mitrailleuses sur ce camion. Il s'est arrêté (ses phares se sont allumés; j'ignore pourquoi), et nous avons entendu des tas de hurlements, mais personne n'est sorti du camion.

D'autres escarmouches vont suivre. Choisissant leurs objectifs, échangeant des coups de feu avec l'ennemi, Stapleton et ses hommes errent dans la ville, *« bondissant d'une maison à l'autre jusqu'à l'endroit où nous sommes censés rencontrer l'état-major régimentaire et l'autre peloton [de protection] ».*

À ce moment-là, il est presque 10 h 30, ou 10 h 45. Je décide : « Inutile de nous faire coincer ici. Si on veut penser à filer, on ferait aussi bien de retourner à la plage. » Et nous commençons à louvoyer avec précaution entre les immeubles, sans vraiment jamais entrer en contact avec l'ennemi. Avançant petit à petit, nous choisissons très soigneusement notre itinéraire, bondissant d'un bâtiment à l'autre.

Lorsque nous finissons par nous retrouver dans l'hôtel [par lequel nous

Les rues de la ville qui débouchent sur l'esplanade sont fermées par des murs de béton. On peut apercevoir l'un de ceux-ci à gauche de l'image, où des soldats allemands déambulent devant des casques canadiens abandonnés là. [MDN]

Après la bataille, un officier marinier de la Kriegsmarine *examine le char «Bellicose» du lieutenant Edwin Bennett.* [MDN]

sommes entrés dans la ville], nous sortons dans la cour [qui borde l'esplanade]. Le bombardement se poursuit, mais il y a quelques chars des Calgarys qui sillonnent l'endroit. Nous craignons, si nous poursuivons notre progression, qu'ils ne nous tirent dessus. Je demande à un de mes gars de retirer sa chemise et de l'agiter, de faire des signaux, bref d'attirer l'attention. Tout ce que nous y récoltons, c'est une rafale de mitrailleuse...

Le tir de mortiers s'est calmé lorsque nous nous avançons sur l'esplanade, [mais] nous essuyons quelques coups de fusils... Lorsque je crie : « Go » et que je fonce, je sais que trois ou quatre hommes m'accompagnent, et que d'autres sont peut-être restés en arrière, mais, à partir de ce point, nous en avons perdu deux. Cela dit, est-ce que nous les avons perdus pendant la traversée de l'esplanade, ou est-ce qu'ils sont retournés à la plage et s'y sont rembarqués, je n'en sais rien.

On nous a probablement tiré dessus, mais nous n'avons pensé qu'à foncer. C'était la seule manière dont nous pouvions y aller — juste foncer, franchir la digue, plonger par-dessus les barbelés et courir jusqu'à la plage.

Les chars auraient dû débarquer en même temps que l'infanterie, mais les premiers arrivés ont 15 minutes de retard — 15 minutes cruciales — et certains, ainsi qu'on le verra, perdent bientôt 15 autres minutes, uniquement à cause de l'imprévoyance de leurs équipages. Les LCT de la première vague transportent trois chars chacune et des troupes un peu hétéroclites — signaleurs, états-majors de brigade, officiers de renseignement, photographes. Dans l'un des chars se trouve le major B. Sucharov, inventeur du tapis d'assaut et commandant des équipes de plage du génie.

Le char N° 1, pourvu de tapis d'assaut, s'ébranle au moment où la LCT touche terre et, parce qu'on a négligé de faire chauffer son moteur, cale sur la rampe [de la LCT], où il demeure environ cinq minutes. Il traverse ensuite la plage vers la digue de l'esplanade, déroule ses tapis, escalade la digue, tourne à droite sur le boulevard, largue le dispositif et se dirige vers l'ouest. On observe que les autres chars suivent les traces du premier et surmontent l'esplanade de la même manière. Chaque char cale sur la rampe, et 15 minutes s'écoulent avant que les trois chars aient quitté la LCT.

En revanche, le char qui transporte le lieutenant-colonel Andrews quitte sa LCT avec un peu trop de hâte.

À environ 90 mètres de la plage, le sous-lieutenant qui se trouve à l'avant donne l'ordre d'abaisser à demi la rampe. Le commandant du premier char voit s'abattre celle-ci... [le char] fonce, frappe la rampe, rompt les câbles de descente et bascule dans la mer, où il disparaît. La LCT passe par-dessus.

Andrews survit à l'engloutissement, mais se fait tuer en s'efforçant de gagner le rivage.

Selon Sucharov, quatre chars brisent leurs chenilles sur les galets, mais un certain

Au moment où cette photographie a été prise, les corps avaient été enlevés de la plage Rouge et les civils français semblent avoir été libres d'examiner les lieux. On peut apercevoir les véhicules de reconnaissance attribués aux deux brigadiers, l'un à la limite des eaux, l'autre à demi-enfoui dans les galets devant le seul char restant. [ECP Armées]

Un char Churchill qui a atteint l'esplanade avant que les tirs d'artillerie allemands fassent sauter l'une de ses chenilles. [ECP Armées]

nombre d'autres perdront les leurs par la suite, à cause des tirs d'artillerie et de mortiers. Le major C.E. Page, le plus haut gradé des officiers des Calgarys à atteindre le rivage, n'a « *ni vu, ni entendu dire qu'on avait vu aucun des chars utiliser les tapis d'assaut fixés à l'avant. Dans la plupart des cas, ces tapis sont tombés d'eux-mêmes ou sous l'effet d'un choc. Il faut dire qu'on les avait posés en toute hâte... »*.

En se dirigeant vers l'esplanade, les chars qui ont débarqué près du centre de la plage Rouge (celle des Essex Scottish) se heurtent par endroits, juste sous la digue, à un fossé artificiel. Cet obstacle imprévu résulte de l'excavation par les sapeurs allemands des galets nécessaires au béton de leurs centres de résistance et de leurs barrages routiers, mais il s'avère très efficace comme défense antichar. Les blindés qui tentent de s'y engager ont tôt fait de s'y enfoncer irrémédiablement.

Lorsque le lieutenant Edwin Bennett aborde avec la seconde vague de LCT, il est brûlé au visage et aux mains, et il a reçu des éclats de métal dans l'œil droit. En effet, la péniche de débarquement transportant sa troupe de chars a été touchée peu avant d'atteindre le rivage.

Lorsque nous voyons les chars [qui ont débarqué avant nous] immobilisés, je décide de longer le bord de l'eau et d'avancer jusqu'à ce que nous apercevions un endroit où nous pourrons franchir la digue, mais c'est vraiment quelque chose, à cause de tous les corps répandus sur la plage. Ceux que nous rencontrons sont

certainement en piteux état, et il y a des endroits où il faut les contourner ou passer au-dessus d'eux en posant nos chenilles de chaque côté.

L'état-major de la brigade N° 6 se trouvait à bord de la même LCT que Bennet, et le brigadier Southam suit ce dernier sur le rivage, dans le chaos et la confusion. Pas plus que son collègue brigadier ou que le colonel Labatt, il ne parvient à prendre la bataille en main.

Peu après, je vois mon poste [de radio] 19 et je m'en vais donner un coup de main pour lui faire traverser la plage. Nous nous rendons compte, tout à coup, que nous sommes sur le point de nous faire écraser par un Churchill, qui se déplace rapidement d'est en ouest. Nous lui faisons des signes et tentons en vain de retirer le poste 19 de sa trajectoire. Quelques bonds rapides nous sauvent de la collision, mais le poste 19 n'a pas été aussi heureux... Peu après, je trouve le major Rolfe en train d'utiliser un poste de radiotéléphonie dans les débris d'une voiture de reconnaissance que, selon lui, un de nos propres chars a écrasée... Nous finirons par réussir à communiquer avec la 4e Brigade, et, en une autre occasion, avec le brigadier Mann.

Bennet a maintenant dépassé l'extrémité de l'excavation et fait virer son char pour escalader le banc de galets.

... la digue n'est pas aussi élevée devant le casino...Je demande à Bobby, le conducteur, de monter à cet endroit-là, mais lentement et sans à-coup. Nous nous mettons donc à gravir doucement l'obstacle, petit à

Un des destroyers de la classe Hunt
étendant un épais nuage de fumée
pour couvrir le départ des péniches
de débarquement de Dieppe. À
cette occasion, la fumée de ces
avions s'est avérée beaucoup plus
utile que ses canons de 10
centimètres. [MDN]

petit, et nous nous retrouvons enfin sur l'esplanade...

Nous longeons le boulevard devant les immeubles. Toutes les entrées [de la ville] sont obstruées par des murets de béton d'environ un mètre de hauteur... mais nous remontons le boulevard sur toute sa longueur et débarrassons les tranchées des Allemands qui les occupent...

Nous ne cessons de faire l'aller et le retour entre les deux extrémités de l'esplanade, depuis le casino jusqu'au port. Même la route qui longe la zone du port est obstruée par les barrages de béton que nos sapeurs étaient censés faire sauter. Ceux-ci n'ont pas eu une seule occasion de se rendre aussi loin sur la terre ferme...

Dans l'ensemble, 29 chars sur 58 qu'on avait embarqués, ont quitté les LCT. Sur les 27 qui ont touché terre, 15 ont franchi la digue. Aucun d'entre eux n'a pu dépasser l'esplanade, car de massifs obstacles de béton barrent toutes les rues qui donnent sur le boulevard Foch, et s'avèrent inattaquables, même pour l'armement des chars.

Les sapeurs, chargés de gros paquets d'explosifs brisants et des fusées nécessaires, ont reçu pour mission de faire sauter les défenses de béton. Hélas, la plupart de ces hommes, qui avancent à pied et sans protection, se font rapidement tuer ou blesser* (tout comme la plupart des opérateurs radio de l'infanterie), et aucun des survivants ne pourra s'approcher de leurs objectifs. En revanche, les équipages des

---

* Proportionnellement, ce sont les sapeurs qui subiront les pertes les plus élevées à Dieppe.

Churchill peuvent se louer du blindage de ceux-ci. La plupart des canons antichars allemands sont de calibre 37 millimètres (outre quelques 57 millimètres); or, pendant toute la bataille, seuls deux chars sont transpercés par des projectiles, l'un à l'arrière et l'autre sur le côté. Pas un seul n'aura pris feu sous les coups de l'ennemi, et, pour autant qu'on puisse en être certain, aucun homme d'équipage n'aura été blessé tant qu'il s'est trouvé à l'intérieur de son char.

Des péniches de débarquement attendent au large avec, à leur bord, les réserves du général Roberts, les Fusiliers Mont-Royal et le commando des Royal Marines. Les communications radio avec les plages ont été médiocres et incertaines durant toute la matinée. Elles ont même pu faire plus de mal que de bien, comme on va le voir : quelqu'un transmet au *Calpe* un message selon lequel « quelques hommes des Essex Scottish sont dans la ville », mais les trois premiers mots ont disparu du texte au moment où il parvient à Roberts. Par ailleurs, celui-ci sait maintenant que l'assaut de la plage Bleue a été un échec complet.

Les seuls Essex qui se trouvent dans la ville sont ceux de la petite équipe de Stapleton, mais Roberts comprend que la plus grande partie — ou du moins une partie considérable — du bataillon s'y trouve, ce qui est une bonne nouvelle. Un succès sur la plage Rouge pourrait encore compenser dans une certaine mesure le désastre de la Bleue. Roberts ordonne donc sur-le-champ aux Mont-Royals de débarquer derrière les Highlanders. Malheureusement, les patrons des embarcations, par une réaction aussi inconsciente qu'instinctive, s'écartent progressivement de la plage, en grande partie obscurcie par la fumée, et du tir particulièrement nourri venu de la falaise à l'est. Ils finissent donc par débarquer la plupart des Montréalais sur la plage Blanche et près de la moitié se retrouvent coincés, juste sous la falaise à l'ouest, sur une étroite bande de galets où ils sont condamnés à l'impuissance. L'un d'eux, le lieutenant A.A. Masson, estime que ses hommes « *semblent extrêmement déroutés par la tournure qu'ont pris les événements* ».

Les autres se retrouvent devant le casino, et un certain nombre d'hommes se joignent aux Rileys qui occupent celui-ci. C'est là que le sergent-major Lucien Dumais touche terre, parmi « *les blessés et les morts qui jonchent la plage* ».

Quelques blessés essaient de nager pour rejoindre les embarcations. Beaucoup perdent leur sang en abondance, rougissant l'eau environnante. Les bombes de mortier éclatent sur les galets et forment de petits nuages qui semblent ponctuer ce vacarme assourdissant... Autour de moi, des morts affreusement mutilés gisent çà et là. Des blessés hurlent de douleur... Le sang coule de leurs blessures et se transforme en un flot visqueux et noirâtre... Pour ma part, je suis bien étonné d'avoir rejoint cet abri tout d'une pièce. J'étais bien certain que ma dernière heure était arrivée.

Le sergent Pierre Dubuc est un soldat de la trempe de Forrester. Avisant un char qui a été « noyé » au cours du débarquement, mais que la marée descendante découvre maintenant (peut-être le char du colonel Andrews?), il y grimpe avec un autre soldat, et les deux hommes « *tirent sans discontinuer toutes les munitions de deux [du char] contre les positions allemandes sur la falaise* ».

Puis, Dubuc abandonne le char, ramasse une mitrailleuse légère Bren et, ayant rallié une douzaine d'hommes, s'engage avec eux dans la ville par l'arrière du casino. Ils s'avancent avec précaution jusqu'à l'arrière-port, tuant ou blessant un certain nombre d'Allemands, mais ils sont contraints de se rendre, les munitions leur faisant défaut. On leur confisque leurs armes et leurs vêtements (sans leur lier les mains), et on les laisse sous la surveillance d'un jeune garde qui, pour son malheur, les quitte des yeux un bref, mais fatal instant. Dubuc en profite pour lui sauter dessus, et l'étend sur le carreau, pendant qu'un autre soldat s'empare d'un bout de tuyau qui traîne à portée de sa main et, « *d'un moulinet, fend le crâne de l'Allemand* ». Les Canadiens se dispersent ensuite, vêtus de leur seul caleçon, et Dubuc retourne seul jusqu'à la plage... Une DCM lui sera également décernée.

« *Je [re]descends sur la grève et, malgré l'enfer qui y règne, je parviens à regrouper quelques hommes valides* », racontera Lucien Dumais. « *Je me demande pourquoi nous ne sommes pas tous morts, il ne doit pourtant pas être possible de traverser un tel rideau de balles sans être frappé!* » Avec les quelques hommes qu'il est arrivé à réunir, il retourne au casino et s'efforce, mais en vain, de pénétrer dans la ville. Un peu plus tard :

De mes 45 hommes, il n'en reste que quatre avec moi, c'est tout! Les autres sont éparpillés un peu partout. Une bonne partie est restée sur la plage, morts ou blessés, ou certains peut-être faisant semblant de l'être...

Il n'y a plus aucune formation. Les soldats coudoient des hommes, non seulement d'une autre compagnie, mais d'un autre bataillon et même d'une autre arme. Il y a des sapeurs du génie, des conducteurs de blindés, des estafettes et bien d'autres. C'est une salade... Nous sommes dans un cercle vicieux et la situation s'aggrave de minute en minute.

À 8 h 15, un autre message trompeur, bien qu'assez exact si on le prend au pied de la lettre, révèle au général Roberts que les Canadiens « sont maîtres de la plage Blanche ». Au large, les hommes du commando des Royal Marines sont toujours en réserve, tapis derrière l'écran de fumée. Désespéré, Roberts leur ordonne de s'avancer derrière les Rileys avec pour mission de « contourner la ville par l'ouest et le sud, et d'attaquer au sud les batteries de la falaise à l'est ».

De telles instructions semblent indiquer que, s'il a jamais eu la situation en main si peu que ce fût, celle-ci est en train de lui échapper complètement. Il faudrait parvenir à pénétrer d'un kilomètre ou davantage, dans les rues de la ville (où personne n'a encore réussi à progresser de beaucoup plus que de 225 mètres), ce qui supposerait de franchir le pont de l'arrière-port — qui, à coup sûr, doit être bien gardé — et d'escalader les hauteurs puissamment défendues qui se dressent au-delà.

Quelques-uns des chars qui se trouvent encore en mer reçoivent l'ordre de débarquer pour apporter leur appui, mais cet ordre est contremandé au bout de 10 minutes. Les commandos se mettent en route vers la plage, mais sont accueillis par un feu nourri dès qu'ils émergent de l'écran de fumée. Lorsque la péniche de leur commandant aborde, celui-ci fait preuve d'un courage physique et moral exceptionnel, assorti d'un jugement impeccable. Il se dresse à l'avant et ordonne par signes à ses hommes de faire demi-tour, plutôt que de les laisser s'attaquer à une tâche qu'il estime impossible. Quelques secondes plus tard, il est mortellement blessé mais tous les bateaux, sauf trois, qui comme le sien ont déjà atteint le rivage, retournent à l'abri de la fumée.

À 9 heures, il paraît évident aux yeux de tous les intéressés que, à l'exception des deux attaques de commandos sur les flancs extérieurs, JUBILEE est un fiasco, voire une catastrophe. Roberts et Hughes-Hallett, soucieux à présent de limiter le massacre sur les plages, conviennent, à 9 h 30, que la retraite générale doit débuter une heure plus tard. Tout ce temps est en effet nécessaire pour s'assurer que l'ordre d'évacuation a été transmis à tous les intéressés. De plus, Roberts fait montre de sagesse en augmentant ce délai d'une demi-heure supplémentaire lorsque le commodore de l'air A.T. Cole, représentant de Leigh-Mallory à bord du *Calpe*, l'avise qu'il pourra ainsi disposer d'un surcroît d'appui aérien.

CHAPITRE V

CHAPITRE V

«DANS LE PLUS GRAND DÉSORDRE, VERS L'ANGLETERRE»

La bataille aérienne aura eu plus de succès que la bataille terrestre, même s'il ne s'agit pas du triomphe escompté par l'état-major de l'air.

À l'époque, la RAF se préoccupe d'abord et avant tout de la supériorité aérienne, et il faut bien reconnaître qu'elle est une condition essentielle de tout autre aspect de la puissance aérienne. Un appui énergique des forces terrestres présente donc peu d'intérêt pour elle. C'est d'ailleurs peut-être la raison pour laquelle on a (avec raison) assigné 56 chasseurs à JUBILEE, mais seulement deux escadrons de chasseurs-bombardiers, deux d'appareils de reconnaissance tactique, cinq de bombardiers légers, et deux de bombardiers lourds B-17 de l'USAAF.

Le *Generalfeldmarschall* Gerd von Rundstedt, commandant en chef allemand dans l'Ouest, estimera, dans une critique du raid à laquelle il se livrera peu après qu'il ait eu lieu, que « l'emploi de l'aviation ennemie et sa tactique ont été extraordinaires ».

« Il semble impossible de comprendre pourquoi, au début des débarquements ennemis, on n'a pas isolé la tête de pont* de Dieppe et les autres lieux de débarquement par un rideau ininterrompu de bombes, afin d'empêcher, ou du moins de retarder, le recours aux réserves locales. »

L'ordre de bataille de la RAF comprend 48 escadrons de Spitfire, tous destinés à assurer la supériorité aérienne, qui est alors, comme aujourd'hui, la condition essentielle d'un appui tactique efficace. Avec 16 appareils par escadron, c'est-à-dire 768 en tout, la supériorité numérique appartient manifestement à la RAF, même si seuls quatre des escadrons sont dotés du nouveau Spitfire IX*, l'égal technologique du Focke Wulf 190, qui forme le gros des forces de supériorité aérienne de la *Luftwaffe* dans l'Ouest. Six des escadrons de Spitfire sont canadiens : les Nos 401 et 402, pourvus de Spitfire IX, ainsi que les Nos 403, 411, 412 et 416, pourvus de VB.

À distance utile de Dieppe, leurs adversaires disposent de moins de 200 chasseurs bons pour le service (pour la plupart des Focke Wulf 190) et de 120 bombardiers (en majorité des Dornier 217, dont seulement la moitié sont bons pour le service au 19 août). La RAF et l'ARC ont effectué 2 000 sorties de chasse, la *Luftwaffe* environ 600, la RAF près de 300 sorties de bombardement, et les Allemands 125.

Six escadrons — près de 100 appareils — évoluent dans les airs lorsque commencent les débarquements, mais le besoin ne s'en fait guère sentir. Les premiers Focke Wulf ne se

---

* L'envergure du raid et l'emploi de blindés lui ont fait supposer qu'une occupation prolongée ou permanente était prévue en cas de réussite de l'assaut initial.

* Nouveau à tel point que, si RUTTER avait reçu le feu vert, on n'aurait disposé que d'un seul escadron de Spitfire IX.

montrent qu'au bout d'une heure, car les pilotes du *Jagdgeschwader 26*, à Abbeville, la base de la chasse allemande la plus proche, se sont livrés à une fête la nuit précédente — preuve supplémentaire que les Allemands de l'endroit n'ont pas été prévenus du raid.

Lorsqu'ils apparaissent finalement, il leur faut un certain temps pour se réunir en une douzaine. Les aviateurs britanniques et canadiens remarquent la répugnance de leurs adversaires à porter des attaques déterminées, mais, étant donné l'écart numérique, on peut aisément comprendre leurs raisons. En revanche, un peu plus tard, ces mêmes pilotes ne seront que trop disposés à prendre à partie les chasseurs de la RAF ou de l'ARC pour protéger des bombardiers allemands. Les bombardiers, aisément repérables avec leurs livrées de camouflage nocturnes lorsqu'ils arrivent dans le milieu de la matinée, concentrent leurs attaques sur les navires, car on n'a évidemment pas besoin de leurs services sur la terre ferme.

Le capitaine d'aviation J.M. Godfrey, de l'escadron N° 412, arrivé sur les lieux peu après 6 heures, décrira ainsi la situation :

Au-dessus de Dieppe, il nous a été impossible de rester en formation, et l'escadron s'est séparé en patrouilles simples. Le ciel était rempli d'un véritable tourbillon de Spitfire et de FW190... Chacun d'entre nous a pu arroser [à la mitrailleuse] environ trois Frisés, mais il était impossible de voir les résultats, car, dès qu'un pilote avait envoyé la purée, il pouvait être sûr d'avoir un Frisé juste derrière lui, et il devait immédiatement se dérober. Ça

nous a beaucoup encouragés de voir tous nos gars rentrer indemnes.

Et, au cours d'une sortie ultérieure, il racontera :

Aux environs de 615 mètres, il y avait des FW190 dans toutes les directions, et nous étions les seuls Spit à notre altitude. Quelque 190 ont commencé à piquer sur les Hurricane [qui attaquaient des positions de pièces au sol]. Nous leur avons foncé dessus, et eux, en nous voyant arriver, ont commencé à dégager. Juste à ce moment-là, quelqu'un a crié : « Section rouge, dégagez! » Il y avait des 190 derrière nous.

Nous nous sommes lancés dans un virage serré vers la droite et nous avons réussi à nous en débarrasser. J'ai perdu les autres durant quelques secondes. Le volume des tirs de DCA commençait à être considérable. Des boules rouge [de feu] me filaient sous le nez, beaucoup trop proche à mon goût. J'ai repéré mon N° 1, et je l'ai rejoint. C'est alors que le commandant a hurlé : « Tirons-nous! »

Nous avons piqué pleins gaz vers la mer, en faisant des lacets aussi serrés que possible. Les Hurricane étaient à environ trois kilomètres en mer, sur le chemin du retour. Nous avons si bien réussi à occuper les Frisés qu'aucun [des Hurricane] ne s'est fait attaquer. Nous sommes restés avec eux sur le chemin du retour, à aller et venir autour d'eux et à tourner la tête à peu près 120 [fois] par minute à la recherche des Boches, mais personne ne nous a pourchassés et, lorsque nous avons atterri, tout l'escadron était intact.

La chance était du côté de Godfrey et de ses camarades en cette occasion, et ne se démentira pas durant toute la journée, au cours de laquelle l'intensité de la bataille aérienne variera, sans qu'il y ait jamais moins de trois escadrons de chasse de la RAF ou de l'ARC sur les lieux, et presque toujours quatre, voire davantage.

Avant la tombée de la nuit, Leigh-Mallory perdra 99 appareils, en majorité des chasseurs, et les pertes canadiennes s'élèveront à 13 chasseurs (neuf pilotes, dont un prisonnier de guerre). Ses aviateurs prétendront avoir détruit 91 appareils ennemis (auxquels ils ajouteront 38 appareils « probablement détruits » et 140 « endommagés »), mais le chiffre réel est de 48 — 25 bombardiers et 23 chasseurs — auxquels il faut ajouter 24 autres appareils endommagés. La Royal Navy ne perdra qu'un seul destroyer sous les coups de l'aviation (le *Berkeley*), et quelques-unes des 33 péniches de débarquement seront coulées, ainsi que deux autres destroyers (notamment le *Calpe*) et des bâtiments de moindre importance, qui seront endommagés.

Si, en règle générale, les aviateurs alliés empêchent l'ennemi de nuire à leurs camarades, en revanche, ils ne font pas grand-chose, ainsi que l'observera Von Rundstedt, pour nuire à l'ennemi. Prenons l'exemple de l'appui à temps. Les premiers bombardiers — deux Boston des Escadrons N°s 107 et 605 de la RAF et du 418e Escadron de la RCAF — partent attaquer les défenses côtières de Berneval et de Varengeville à 4 h 45, cinq minutes avant l'heure prévue pour le débarquement des commandos qui ont pour mission de s'en emparer. Des ennuis de moteur contraignent l'un des appareils

canadiens à rentrer, pendant que l'autre est abattu, et son équipage sauvé. Aucun de ces appareils n'a réussi, loin s'en faut, à toucher ses objectifs.

Une demi-heure plus tard, un nombre supérieur de Boston, accompagnés de chasseurs-bombardiers Hurricane, attaquent à nouveau les batteries. Cette fois, ils provoquent quelques dégâts de taille à Varengeville, où un projectile fait exploser des charges empilées à côté des pièces. Les commandos attribueront l'explosion à leurs tirs de mortiers, mais les comptes rendus allemands l'imputent aux avions ennemis volant à basse altitude.

Si les Allemands ont raison, il s'agit certainement du plus grand succès remporté ce jour-là par les aviateurs en fait de contribution à la bataille terrestre. Pendant que le RHLI et l'Essex Scottish se rapprochent du rivage, et que les Boston répandent de la fumée sur les promontoires pour tenter de masquer leurs embarcations, cinq escadrons de chasseurs, armés de canons, survolent la promenade en tiraillant. Néanmoins, leur présence est forcément brève, la puissance de feu mise en œuvre plutôt faible, et les dégâts limités. Dans un compte rendu du combat, on fera remarquer, avec raison, que « nous aurions pu obtenir davantage de résultats en utilisant les chasseurs à canons et les Hurricane bombardiers contre les batteries [de la défense côtière] de 15 centimètres, et en faisant appel aux Boston [largueurs de bombes] pour l'attaque à basse altitude des maisons du front de mer ».

Si l'Amirauté ne s'était pas montrée aussi pusillanime à l'idée de risquer une bataille

Au milieu de 1942, le vice-maréchal de l'air Trafford Leigh-Mallory, CB, DSO, officier commandant le Groupe N° 11 du Commandement de la chasse et commandant de la force aérienne de JUBILEE, préoccupé par la question de la supériorité aérienne, se souciait fort peu des complexités de la coopération air-terre. [IWM]

Le 19 août 1942, il fait chaud et on constate que la tenue de combat de la Seconde Guerre mondiale n'est pas le costume le plus approprié à cette température. [ECP Armées]

Selon le lieutenant général H.D.G. Crerar, officier général commandant le 1er Corps d'armée canadien, qui recherche avec enthousiasme des occasions de faire combattre ses soldats, « le plan est solide et des plus soigneusement étudiés ». Sur cette photographie, qui date du mois d'octobre 1942, il pose avec son chef d'état-major, le brigadier Churchill Mann, responsable de la planification détaillée de Dieppe. [MDN]

navale dans la Manche, on aurait pu totalement détruire les positions allemandes situées au-dessus et à l'intérieur des promontoires qui flanquaient la ville. Des pièces de 35 ou 38 centimètres tirant, selon le cas, des charges classiques ou des charges de bombardement* auraient pu contribuer à abattre de lourdes masses de craie autour de l'entrée des grottes, tout en exerçant des ravages dans le béton armé des bunkers construits au sommet des falaises. Enfin, on aurait pu très facilement pulvériser les immeubles bordant la promenade du côté des terres où s'abritaient les tireurs embusqués et les mitrailleurs.

En revanche, les pièces de 10 centimètres relativement chétives des destroyers, si audacieusement utilisées qu'elles soient, ne peuvent en aucun cas provoquer de tels dégâts. Le lieutenant F. Royal, un photographe officiel embarqué à bord d'une LCT qui n'a pas débarqué ses chars, racontera comment « *l'une des scènes les plus impressionnantes auxquelles nous avons assisté a eu lieu vers 9 h 30. Un petit destroyer [Albrighton] est passé devant nous, s'est engagé dans l'embouchure du port de Dieppe et a ouvert le feu... Il a tiré salve sur salve durant à peu près 45 minutes* ». Il aurait pu ajouter que, à en juger par le volume de tir qui continuait

de s'abattre sur les Essex Scottish immobiles, cette remarquable démonstration n'a pas eu grand effet sur le promontoire, si elle en a eu un.

Mais le pire reste à venir. En effet, le Commandement de la chasse, qui a l'entière responsabilité des activités aériennes, ne tient aucun compte des leçons que le Commandement en coopération avec l'armée de terre a laborieusement tirées de ses tâtonnements des deux années précédentes. De sorte qu'il transforme l'organisation de l'appui tactique en un véritable gâchis qui n'est pas sans rappeler celui de Vaagsö. Le Commandement de coopération a mis au point une structure de contrôle passablement perfectionnée, permettant de répondre rapidement aux exigences souvent imprévisibles du combat terrestre et de déterminer le degré de priorité des multiples demandes. Leigh-Mallory préfère toutefois recourir à une chaîne spécialement conçue pour les circonstances. Celle-ci, issue d'une unité ou du PC d'une formation sur la plage, passe successivement par un contrôleur à bord du *Calpe**, par Uxbridge, ainsi que par la station de secteur et par l'aérodrome concernés, avant d'aboutir finalement à l'escadron.

Par conséquent, il se produit un délai d'une heure et demie à deux heures entre la transmission d'une demande d'appui (lorsqu'un opérateur arrive à établir la

---

* Les charges de bombardement sont des charges réduites, qui permettent de donner aux pièces d'un navire la trajectoire d'un obusier, de sorte que, en sacrifiant la portée et la pénétration, on peut lancer des obus avec une précision relative sur un objectif terrestre. Lorsqu'on emploie des charges normales, si le coup est tiré un peu trop haut, l'obus peut franchir des kilomètres vers l'intérieur des terres, bien au-delà de la portée et sans aucune utilité, mais, ici, ces obus auraient pénétré la craie tendre de l'à-pic des falaises avant d'exploser.

---

* Un autre contrôleur, à bord du navire de commandement auxiliaire, le *Fernie*, est responsable de la bataille pour la supériorité aérienne. Tous deux sont placés sous le commandement du commodore de l'air Cole, à bord du *Calpe*.

Le caporal suppléant L.G. Ellis, du Royal Regiment of Canada a remporté sa médaille Militaire sur la plage Bleue, où il «a fait preuve d'une initiative, d'une compétence et d'un dévouement extraordinaires». [D'après une huile de Lawren Harris — Galerie nationale du Canada.]

«Soldat audacieux et intrépide», le sergent Pierre Dubuc, des Fusiliers Mont-Royal, a gagné sa médaille Militaire pour avoir mené un petit groupe de soldats dans Dieppe et s'être évadé après sa capture. [D'après une huile de Lawren Harris — Galerie nationale du Canada.]

129

communication, ce qui n'est pas toujours le cas), et l'arrivée des avions au-dessus de l'objectif (lorsqu'ils trouvent le bon objectif, ce qui, là non plus n'est pas toujours le cas). Par exemple, à 11 h 44, alors que l'évacuation bat son plein, le brigadier Southam émet une demande de bombardement supplémentaire sur les promontoires. Celle-ci n'est satisfaite (par des Hurricane bombardiers et des chasseurs pourvus de canons) qu'à 13 h 30, alors que la plupart des hommes qui se trouvent encore sur la terre ferme, y compris Southam lui-même, se sont rendus.

C'est pourquoi le commodore de l'air Cole veut obtenir une demi-heure supplémentaire pour assurer à l'évacuation une couverture aérienne suffisante.

Le contrôleur de l'appui aérien, qui semble tout ignorer de la structure d'unités de transmission d'appui aérien (ASSU) du Commandement de coopération avec l'armée de terre, aimerait avoir au moins deux autres escadrons à sa disposition pour remplir convenablement ses fonctions. En outre, dans son compte rendu du raid, il se plaindra de ne pas avoir reçu les informations dont il aurait eu besoin. « *Je n'ai reçu aucun message d'Uxbridge, se lamente-t-il, de sorte que je n'avais aucune idée des objectifs qui avaient été acceptés et des escadrons qui étaient en route.* » Il est tout aussi incapable d'obtenir des informations récentes en provenance des plages et fait observer que, selon lui, « *il faudrait que les contrôleurs avancés soient proches des troupes de tête, où ils pourraient réellement observer le déroulement de la bataille et communiquer directement avec les pilotes sur ondes métriques* ».

Le Commandement de coopération a déjà réglé tous ces problèmes dans sa structure de contrôle, mais :

« ... au Commandement de la chasse, [le lieutenant-colonel] Ralph Stockley [l'officier de liaison de l'armée de terre] n'a même pas été mis dans le secret [de l'opération JUBILEE], et son adjoint au 11e Groupe, d'où Leigh-Mallory a livré la bataille aérienne, a été « évincé ». Il n'y a pas d'officier de liaison des forces aériennes auprès des escadrons de chasse qui mènent les attaques à basse altitude, donc pas de briefing satisfaisant, pas de « tentacules » ASSU étendus à l'avant vers les plages ni à l'arrière vers les aérodromes. »

Il en résulte que l'appui aérien tactique aboutit souvent au mauvais endroit, et qu'il est toujours long à venir. Le colonel Carrington, l'officier de liaison de l'armée de terre au Commandement de bombardement, rédigera, sous l'empire d'une profonde frustration, une analyse critique du « mauvais emploi du 2e Groupe dans le cadre de JUBILEE, seul aspect de ce gâchis sur lequel je sois autorisé à me prononcer avec compétence ».

« J'ai étudié les attaques d'appui rapproché effectuées par les bombardiers du 2e Groupe : la première a manqué d'environ deux kilomètres un objectif préétabli; la deuxième a consisté en un bombardement aveugle d'une vaste zone où pouvaient se trouver, ou non, des troupes canadiennes; la troisième n'était pas dirigée contre un objectif valable... Tout ce que le 2e Groupe a fait d'utile ce jour-là a consisté à répandre des écrans de fumée. Encore, ceux-ci ont-ils empêché

Le commandant d'aviation Lloyd Chadburn, DFC, commandant l'Escadron N° 416 de l'ARC, s'appuie contre l'aile de son Spitfire V. On aperçoit, derrière lui, sur le fuselage de son appareil, l'emblème de son escadron (un lynx rugissant juxtaposé à une feuille d'érable). Chadburn avait obtenu sa DFC pour le sens du commandement dont il a fait preuve à Dieppe. Il ajoutera à ses décorations une DSO avec barrette, avant de mourir des suites de blessures subies dans un écrasement en juin 1944, une semaine après le Jour J. [ANC]

Le lieutenant-colonel C.C.I. Merritt a gagné sa croix de Victoria à Pourville, à titre de commandant du South Saskatchewan Regiment. Cette photo a été prise alors qu'il était capitaine dans son régiment d'origine, le Seaforth Highlanders of Canada. [MDN]

En dépit d'un gouvernail de direction passablement abîmé et d'une légère blessure à la tête causée par l'explosion d'un obus de canon, le sergent de section Mebew «Zip» Zobell de Raymond, en Alberta, a ramené son Spitfire à bon port en Angleterre. [MDN]

131

de voir depuis le navire de commandement ce qui se passait sur les plages. »

On a donné pour instructions aux quatre escadrons de reconnaissance aérienne du Commandement de coopération avec l'armée de terre, y compris aux escadrons N°s 400 et 414 de l'ARC (volant sur des North American Mustang I pourvus d'un moteur Allison, qui sont loin d'être des instruments de combat aussi efficaces que les variantes ultérieures du Mustang dotées d'un groupe propulseur Rolls-Royce), de « déceler les mouvements des renforts ennemis vers la zone où opèrent nos forces terrestres ».

Les voies d'arrivée les plus probables sont les grands-routes de Rouen, du Havre et d'Amiens. Chacune d'elles fait l'objet d'une surveillance par une patrouille de deux Mustang. « Bien qu'on ait reçu beaucoup d'informations négatives, la seule positive consistait en un rapport signalant la présence de trois à cinq chars légers à 16 kilomètres au sud de Dieppe. » On peut discuter du point de savoir s'ils étaient présents ou pas : mais ce qui est certain, c'est qu'ils n'ont jamais pris part aux combats.

On patrouille les petites routes à proximité du champ de bataille avec une régularité qui, d'après ce que semble indiquer une analyse du raid, devait être décourageante. « Toutes les demi-heures, un pilote survolait la même route dans un sens ou dans l'autre, de sorte que les équipes de pièces [antiaériennes] étaient prêtes à le recevoir. Il est difficile de varier de telles tâches, mais un horaire irrégulier améliorerait les choses » — conclusion d'une évidence aveuglante qui n'est probablement pas sans lien avec la perte, le jour même, de 10 appareils de

reconnaissance, dont un seulement était canadien.

En règle générale, l'équipage des avions allemands — chasseurs, bombardiers ou bombardiers en piqué — ne s'intéresse pas *particulièrement à la bataille au sol. « Toute la journée, il y a eu une activité constante dans les airs »,* racontera le colonel Labatt, du RHLI, étendu derrière la digue de la plage Blanche en compagnie de son capitaine-adjudant et de ses signaleurs.

Après le mitraillage initial du "front" par nos chasseurs, les appareils de chasse et de reconnaissance allemands viennent aux nouvelles, et les nôtres les prennent immédiatement à partie. Les avions rompent leurs formations, et se mettent tous à se pourchasser les uns les autres à travers le ciel. Nombre d'entre eux se font abattre, mais à une distance telle que nous sommes incapables de dire s'ils sont britanniques ou allemands.

Plus tard, des vagues de bombardiers légers et moyens de la Luftwaffe rugissent au-dessus de nous à environ 550 mètres. Ils ont pour objectif le groupe de bateaux réunis à quelque cinq kilomètres du rivage. Ils se font attaquer par nos chasseurs et par les bâtiments de lutte antiaérienne qui gardent le groupe. Les Allemands livrent leurs attaques avec beaucoup de détermination, de persévérance et de courage, lorsqu'on songe que leurs bombardiers se font abattre les uns après les autres, explosant en morceaux dans les airs ou plongeant dans la mer avec un fracas épouvantable. Pourtant, ils continuent

Le major A.T. Law, du Queen's Own Cameron Highlanders of Canada, «a réussi, selon les termes de la citation accompagnant sa DSO, à mener son unité près de trois kilomètres à l'intérieur des terres, infligeant de lourdes pertes à l'ennemi». [D'après une huile de Lawren Harris — Galerie nationale du Canada.]

Un homme déjà mûr qui s'est enrôlé dans la milice en 1932, le sergent supplèant G.A. Hickson, du Génie royal canadien, a reçu une médaille du Service distingué pour la «détermination avec laquelle il a conduit ses hommes» à Dieppe, et gagnera par la suite une médaille Militaire en Afrique du Nord. Il terminera la guerre avec le grade de capitaine. [D'après une huile de Lawren Harris — Galerie nationale du Canada.]

à revenir et à en redemander.

Leurs chapelets de bombes explosent dans l'eau ou dans les bateaux avec des détonations effroyables que nous pouvons entendre et ressentir, en dépit du bruit qui règne sur la plage. Des gerbes d'eau de 92 mètres de haut s'élèvent à la verticale lorsque leurs bombes explosent. C'est spectaculaire.

Dès que l'*Oberbefehlshaber West* von Rundstedt apprend que les attaquants font mine d'évacuer les vestiges de leurs troupes, il commence à exhorter ses hommes « *à détruire ce qui peut être détruit... C'est à nous qu'il appartient, maintenant — et j'insiste sur ce point — d'exterminer par tous les moyens le plus grand nombre possible d'ennemis... Toutes les armes dont nous disposons doivent maintenant contribuer à la destruction complète de l'adversaire* ».

Alors que les Allemands, se pliant aux ordres reçus, s'efforcent de détruire ce qui peut rester du corps expéditionnaire, la RAF, quels qu'aient pu être les défauts et les faiblesses de l'appui qu'elle a apporté jusque-là aux troupes, se livre maintenant à un travail précieux. Les B-17 de l'USAAF, escortés par les quatre escadrons de Spitfire IX, bombardent l'aérodrome ennemi d'Abbeville, dont ils mettent les pistes provisoirement hors d'usage, affaiblissant ainsi de façon considérable la force de la chasse de la *Luftwaffe*. Sur ces entrefaites, neuf escadrons de chasse de la RAF et de l'ARC se rassemblent au-dessus des plages afin de couvrir la retraite.

À Puys, il n'y a plus personne à évacuer, les survivants s'étant rendus vers 8 h 30. L'une des LCA réussit à retourner jusqu'à la plage, mais, « *au bout d'un certain temps* », selon un témoignage recueilli au cours de l'enquête menée à bord du *Queen Emma* « *personne n'était encore apparu. Tout à coup, il s'est produit une ruée de soldats jaillissant de leurs cachettes pour tenter d'embarquer. L'opération a entraîné de lourdes pertes* », sans aucun résultat. Un obus coule l'embarcation dangereusement surchargée à quelques mètres du rivage. Son vaillant commandant, le lieutenant E.R. Ramsay, RNVR, est du nombre des morts.

La plus grande partie de la plage Rouge est inabordable (en essayant de l'approcher, une LCT, touchée par le milieu, explose), et les seuls Essex Scottish qui réussissent à s'échapper doivent leur salut à l'abri d'une autre LCT, abandonnée près de la jonction avec la plage Blanche qu'ils ont pu atteindre. Cette épave protège également les LCA qui ont abordé derrière elle. Quant à Stapleton, s'il est un homme qui pourrait se sortir de ce guêpier, c'est bien lui, mais son commandant lui a donné l'ordre de veiller sur les blessés, et en bon soldat, il restera avec eux jusqu'au bout.

Sur la plage Blanche (où l'aumônier du RHLI, le capitaine honoraire J.W. Foote, recueille et secourt les blessés avec un zèle qui lui vaudra une VC), la discipline commence naturellement à se relâcher lorsque les péniches de débarquement tentent de s'approcher furtivement, à l'abri d'un écran de fumée répandu selon toutes les règles de l'art. Malheureusement, cet écran dérive rapidement vers l'intérieur des terres, laissant les embarcations exposées à un tir toujours plus intense. Le brigadier Southam observe que l'apparition des bateaux « *est le signal*

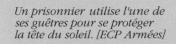

Un prisonnier utilise l'une de ses guêtres pour se protéger la tête du soleil. [ECP Armées]

Des guerriers dépités. [ECP Armées]

Ce jeune soldat assoiffé constate que son casque d'acier ferait un bon récipient. [ECP Armées]

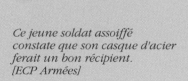

Ces soldats commencent à se réjouir, peut-être parce qu'ils se rendent compte de la chance qu'ils ont eue de survivre à la bataille. [ECP Armées]

135

Les blessés canadiens furent rassemblés dans un couvent situé à proximité avant d'être envoyés dans des hôpitaux, parfois aussi éloignés que Paris. [ECP Armées]

Les mains levées en signe de capitulation, des Canadiens désenchantés s'avancent dans les rues de Dieppe. Le sort réservé à une majorité d'entre eux : deux ans et demi de captivité dans un camp de prisonniers. [ECP Armées]

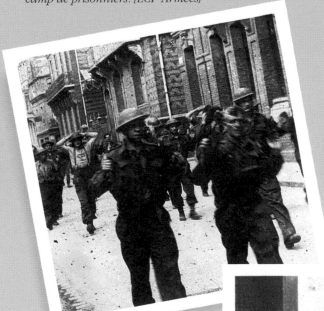

L'homme du milieu, sans pantalon, est peut-être l'un de ceux qui tentèrent de s'échapper à la nage et qui durent rebrousser chemin. Il se peut qu'il soit tout simplement épuisé. [ECP Armées]

Un soldat blessé est porté dans les rues de Dieppe par deux de ses camarades avec l'aide d'un Français. [ECP Armées]

Au cours des 11 mois de la campagne du nord-ouest de l'Europe, en 1944 et 1945, les Allemands ne feront que 200 prisonniers canadiens de plus qu'au cours du raid de 11 heures à Dieppe, en 1942. [ANC]

Le Generalleutnant *Konrad Haase (à droite), commandant les défenses de Dieppe et la* 302e Infanteriedivision, *discute de la bataille avec un jeune officier de la* 10 Panzerdivision *porteur de la croix de Chevalier et de la croix Allemande d'or. Il s'agit peut-être du* Hauptmann *de 24 ans, Georg Grüner, qui a remporté ses décorations en 1941 sur le front oriental, où il sera tué lors du combat au printemps de 1944. [MDN]*

Un contingent de la Kriegsmarine *défile dans les rues de Dieppe pour aller enterrer ses morts. [ECP Armées]*

Des gardes allemands posent pour le photographe pendant que des prisonniers canadiens — certains en uniforme, quelques-uns en chemise, d'autres enveloppés dans une couverture — attendent qu'on les dirige vers un camp de prisonniers. [ANC]

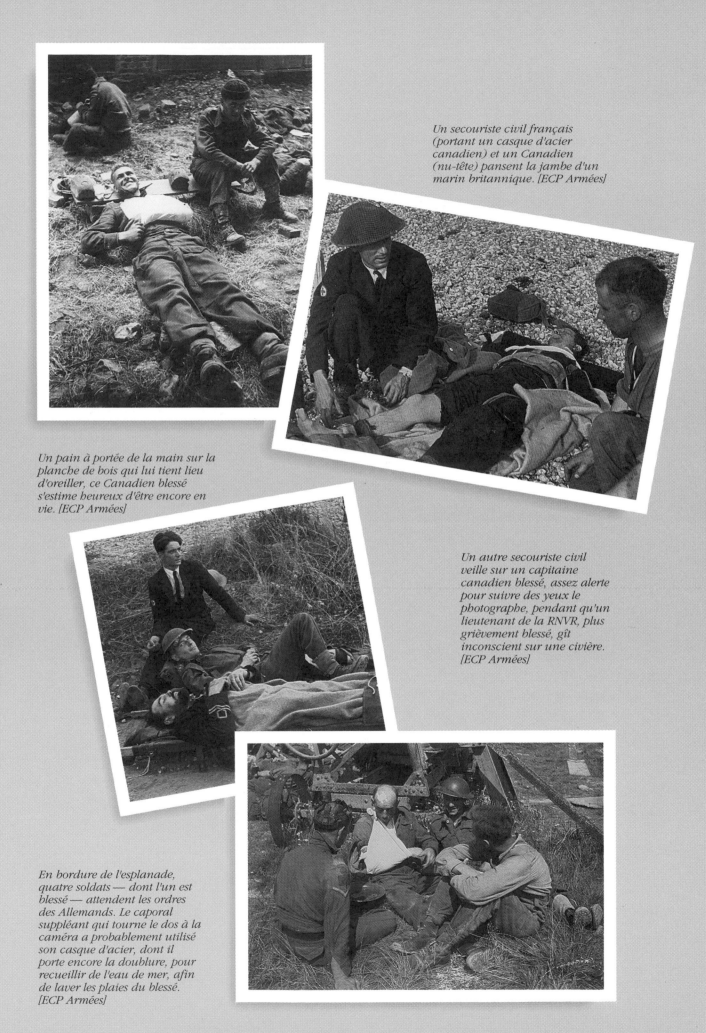

Un secouriste civil français (portant un casque d'acier canadien) et un Canadien (nu-tête) pansent la jambe d'un marin britannique. [ECP Armées]

Un pain à portée de la main sur la planche de bois qui lui tient lieu d'oreiller, ce Canadien blessé s'estime heureux d'être encore en vie. [ECP Armées]

Un autre secouriste civil veille sur un capitaine canadien blessé, assez alerte pour suivre des yeux le photographe, pendant qu'un lieutenant de la RNVR, plus grièvement blessé, gît inconscient sur une civière. [ECP Armées]

En bordure de l'esplanade, quatre soldats — dont l'un est blessé — attendent les ordres des Allemands. Le caporal suppléant qui tourne le dos à la caméra a probablement utilisé son casque d'acier, dont il porte encore la doublure, pour recueillir de l'eau de mer, afin de laver les plaies du blessé. [ECP Armées]

d'une ruée à corps perdu de plusieurs centaines d'hommes qui entrent dans l'eau jusqu'aux épaules pour tenter d'embarquer ». Le vaillant sergent Hickson voit aussi « *une formidable ruée de fantassins descendant du centre de la plage vers les bateaux* », mais le plus surprenant, ce n'est pas qu'il y ait autant de panique — si c'est bien le mot qui convient encore — mais qu'il y en ait si peu.

« *À 12 h 15, cinq péniches de débarquement d'assaut apparaissent, se dirigeant vers le centre de la plage Blanche* », racontera le lieutenant de la Royal Navy responsable de l'équipe de plage à cet endroit.

Pendant qu'elles s'approchent, l'ennemi en met deux hors de combat, mais les trois autres abordent la plage... Vite remplies, elles viennent tout juste de se mettre en route, lorsqu'il se produit une ruée de soldats dans leur direction... mais les quelques hommes de plus qui ont réussi à se hisser à bord, en combinaison avec un tir ennemi qui arrive à point nommé, compromettent l'équilibre de l'embarcation, qui s'enfonce. Un coup de plein fouet coule l'une des péniches restantes, mais la troisième réussit à prendre le large.

La plupart de ceux qui essaient ainsi de « prendre le large » n'y parviennent tout simplement pas. À cet égard, l'aventure de Labatt est typique, et la tranquillité relative d'un camp de prisonniers allemand lui fournira l'occasion de la relater de manière particulièrement détaillée.

La plage est sous le feu direct de toutes les armes, à 230 mètres et plus. La journée est ensoleillée, et les seuls abris dont disposent les troupes qui traversent la plage sont la légère fumée provenant de l'éclatement des projectiles ou des épaves de chars et de péniches en train de brûler, ainsi que ces épaves elles-mêmes.

Je suis justement en train de me demander combien d'hommes survivront à cette épreuve, lorsque apparaissent à l'est deux Hurricane volant à 62 mètres au-dessus de la limite des eaux. Ils répandent d'un bout à l'autre de la plage le plus parfait écran de fumée que j'aie jamais vu*. Bien entendu, ils deviennent la cible de toutes les armes allemandes à bonne portée, et je suis ravi de les voir disparaître vers l'ouest, apparemment intacts. C'était une opération hardie, et j'espère que les pilotes recevront une récompense à la mesure de leur exploit.

À l'abri de la fumée, qui dérive lentement vers l'intérieur des terres, de petits groupes commencent... à se diriger vers l'eau. Le premier, et le plus nombreux, est composé de prisonniers allemands qui ramènent nos blessés du casino. Certains utilisent comme civières des portes ou d'autres dispositifs de fortune...

... Lorsque la fumée s'est abattue, puis tant qu'elle est demeurée assez dense, les tirs ennemis ont diminué, s'éteignant presque complètement... Toutefois, dès qu'elle commence à se dissiper, ils redeviennent beaucoup plus nourris...

Il n'y a personne pour diriger les opérations sur la plage, mais tous les

---

* Un nombre considérable d'hommes ont déjà été capturés, ou ont dû se rendre, avant qu'on répande cet écran de fumée.

bateaux que la visibilité limitée nous permet de voir sont chargés de passagers et commencent à virer. Nous nous dirigeons vers l'est, pour voir comment les choses se passent là-bas. Ici, les derniers groupes, ayant franchi la plage à la course, sont en train de patauger jusqu'aux péniches de débarquement d'assaut, qui attendent de quitter le rivage. Nous faisons comme eux et grimpons à bord de la dernière embarcation, la plus à l'ouest. Elle est terriblement encombrée...

À peine sommes-nous embarqués que la fumée se dissipe complètement, nous laissant à découvert juste sous les pièces allemandes... En un rien de temps, la mer est jonchée d'épaves de LCA fracassées, et parsemée de têtes et de bras qui s'agitent. Un obus explose dans le bateau bondé qui se trouve à côté du nôtre, avec des résultats effroyables.

Je peux sentir que notre embarcation est touchée, mais je ne suis conscient de rien d'autre jusqu'à ce que je voie l'équipage sauter par-dessus bord et que je me rende compte que j'ai de l'eau jusqu'aux genoux... Je décide de nager jusqu'à une péniche de débarquement de chars que j'aperçois à moins d'un kilomètre du rivage...

En m'approchant de la LCT, je m'avise qu'on est en train de la bombarder, et, lorsque je suis à 185 mètres d'elle, elle reçoit deux coups directs... et commence à s'enfoncer par l'arrière. Je n'arrive pas à en croire mes yeux... Pourtant, lorsque je ne vois plus que son avant qui se dresse à la verticale au-dessus de l'eau, je me rends bien compte qu'elle n'est pas en

très bon état. Moi non plus, d'ailleurs... Étant donné que le seul autre navire en vue se trouve à l'horizon, à des kilomètres d'ici, je retourne à contrecœur vers la plage.

Le trajet du retour est très éprouvant. La marée m'a un peu déporté vers l'est, et je touche terre derrière une LCT échouée sur le flanc au-dessus de la limite actuelle des eaux. Le tir ne semble pas avoir diminué d'intensité, bien au contraire, et je suis horrifié par le nombre de morts rejetés sur la grève. J'aperçois, abrités derrière la LCT ou gisant autour d'elle, 150 à 200 hommes de toutes les unités, presque tous blessés. Ils sont dans un état indescriptible, et subissent un feu roulant de fusils, de mitrailleuses et de mortiers.

Je procède à une reconnaissance et décide de faire entrer tous les blessés dans la LCT, car elle offre le meilleur abri dont nous disposions. En sortant de l'épave, je rencontre Bill Southam, qui essaie d'organiser les [mitrailleuses légères] Bren et les fusils pour limiter les tirs d'embuscade rapprochés... Il a été touché à la jambe...

Quelques chars continuent à tirer, contribuant de façon décisive à contenir les Allemands et à neutraliser au moins une partie de leurs tirs, mais c'est la seule chose que l'on puisse encore faire. « *Les blessures étaient effroyables*, racontera Southam, *et il y avait de nombreux hommes que nous ne pouvions ni déplacer ni convenablement soigner. Pourtant je n'en ai jamais entendu un seul se plaindre; et si l'un d'entre eux venait à crier ou à gémir, il tentait de s'en excuser peu après.* » Ed Bennett se trouve parmi eux, grièvement blessé plusieurs

Le 19 août 1942, les traînées de condensation produites par des avions se livrant à un duel aérien au-dessus de Dieppe tracent des volutes dans l'azur immaculé. [ECP Armées]

Le major général J.H. Roberts, DSO, MC, officier général commandant de la 2ᵉ Division d'infanterie canadienne et de la force terrestre à Dieppe. « Un soldat combattant qui a obéi aux ordres reçus et s'est comporté en gentilhomme. » [D'après une huile de Lawren Harris — Galerie nationale du Canada.]

Des artilleurs de la Flak allemande servent leur pièce antiaérienne pendant la bataille. [MDN]

heures auparavant — avant même de débarquer, en fait — mais il a manœuvré son char d'un bout à l'autre de l'esplanade, puis de nouveau sur la plage, jusqu'à ce qu'un obus allemand fracasse une de ses chenilles.

À ce moment-là, je vois passer devant moi un officier des blindés qu'on guide par la main. Il a le visage complètement brûlé, et ses deux yeux sont aveugles. Probablement de façon définitive*. Il doit souffrir atrocement; pourtant, il a un moral formidable. Je l'entends dire : « N'oubliez pas, les gars : s'il faut en arriver là, contentez-vous de décliner vos nom, grade et matricule. »

À ce stade, il ne saurait plus y avoir de doute : il faudra bel et bien « en arriver là ». Bon nombre de survivants se sont probablement déjà rendus, et les autres n'ont sûrement rien à gagner à continuer la résistance. Labatt et ceux qui l'entourent sont vraisemblablement les derniers à abandonner les plages Rouge et Blanche.

Je prends rapidement la décision la plus déplaisante de mon existence. Nous avons avec nous un aviateur allemand prisonnier; après avoir averti les équipages des chars proches qu'ils doivent cesser le feu, je l'envoie au-dehors, muni d'une serviette blanche. Je n'avais encore jamais vu le visage d'un homme exprimer une pareille satisfaction. Il vient de vivre une de ces journées qui comptent dans la vie d'un homme. Les tirs s'apaisent; les obus de mortiers cessent de tomber; 30 à 40 allemands bondissent sur la digue… Je consulte ma montre : il est exactement 15 heures.

---

* Heureusement, Bennett ne perdra définitivement la vue que d'un seul œil.

Devant la plage Verte, à Pourville, les LCP(L) de contre-plaqué qui ont fait traverser la Manche aux Camerons tentent, à deux reprises, de se diriger vers le rivage, mais, devant les tirs nourris qui les accueillent, il faut les rappeler… au grand soulagement du matelot de deuxième classe Kirby, mais au grand dam des hommes qui se trouvent sur la plage. On abandonne aux LCA insuffisamment blindées (et trop peu nombreuses) l'évacuation de ces derniers. Selon le major Law, « *le processus d'évacuation progressive a commencé vers 10 h 45, et, à 11 h 04, très exactement, les premières LCA sont apparues* ».

Dès que les troupes ont commencé à franchir la plage, un tir croisé très nourri de mitrailleuses et de fusils s'est abattu sur elles. Il y avait aussi des tirs de mortiers et quelques tirs d'artillerie… Le South Saskatchewan Regiment *a organisé une équipe de plage, et les soldats sont descendus sur la plage à mesure que les LCA arrivaient. On a employé quelques prisonniers ennemis comme brancardiers, et ils se sont très bien acquittés de leur tâche.*

Les Camerons ont terminé leur embarquement vers 12 heures. Ils avaient souffert davantage au cours de cette phase de la retraite, la dernière, que durant toutes les autres.

Le sergent de section Nissenthal est, heureusement pour lui, du nombre de ceux qui s'échappent, mais le lieutenant Kempton, du Peloton N° 14 des Camerons n'a pas cette chance, car, raconte son fidèle sergent de peloton, il est « *touché lorsqu'ils ouvrent le feu sur moi. Il meurt instantanément, ainsi qu'il l'aurait sans doute souhaité, protégeant ses hommes jusqu'à son dernier souffle* ».

L'aumônier du Royal Hamilton Light Infantry, *le capitaine honoraire J.W. Foote, a reçu la croix de Victoria pour son dévouement auprès des blessés de Dieppe.* [MDN]

Après le raid, les Allemands ont démoli ce qui restait du casino afin d'améliorer leur secteur de tir à partir du promontoire à l'ouest. [MDN]

Le colonel Merritt, du South Saskatchewan, est également occupé à protéger ses hommes, mais, par bonheur, il n'aura pas à le faire jusqu'à son dernier souffle. Le pont qui l'a rendu célèbre sera nommé « pont Merritt », et portera une plaque commémorant l'événement, mais la plage elle-même aurait pu être un monument plus indiqué.

L'équipe laissée sur la plage, qui comprend le lieutenant-colonel Merritt, quelques officiers de son régiment et une demi-douzaine d'officiers du Queen's Own Cameron Highlanders of Canada, se replie sur une position relativement abritée derrière la digue. À partir d'environ 11 heures, ces hommes, montés sur un échafaudage que des ouvriers ont dressé pour réparer la digue, arrivent à prendre l'ennemi sous leur feu et à le contenir jusqu'à 15 h 30. Pendant ce temps, le capitaine Runcie assiste à un acte de bravoure exceptionnel de la part du lieutenant-colonel Merritt. Celui-ci s'avance seul sur la plage balayée par les balles, franchissant presque 300 mètres pour ramener un caporal blessé qui gisait au bord de l'eau. À 15 h 30, il convoque un conseil des officiers survivants. Celui-ci décide qu'il est inutile de résister plus longtemps, puisque les effectifs ennemis ne cessent d'augmenter et qu'il n'est plus possible de leur infliger des pertes.

La petite équipe des Royals du colonel Catto, avant de se rendre, restera tapie encore une heure dans son taillis, derrière le promontoire à l'est. En dehors de celle-ci, toutefois, le groupe de Merritt sera le dernier à hisser le drapeau blanc. Ainsi s'achève l'opération JUBILEE.

« *Pendant que nous fendons les flots de la Manche, racontera le matelot de deuxième classe Kirby, refaisant le chemin que nous avons suivi toute la nuit pour nous rendre en France, quantité de questions continuent à se bousculer dans ma tête. À tout moment, nous nous attendons à ce que des bombardiers en piqué Stuka ou des Junker 88 attaquent nos bateaux, qui se dirigent, dans le plus grand désordre, vers l'Angleterre.* »

En fait, la *Luftwaffe* s'intéresse à un gibier plus important que la LCP(L) de Kirby. Le capitaine d'aviation D.R. Morrison, du 401e Escadron, a été abattu par les débris d'un bombardier allemand qu'il venait de détruire. Par la suite, une vedette de sauvetage en mer de l'aviation est venue le récupérer.

Nous avons assisté à une attaque de bombardiers allemands contre le convoi de retour. Elle a été repoussée par un tir nourri de DCA venu des navires. Nous avons vu l'explosion et le voile de fumée noire produits par une collision de plein fouet entre deux Spitfire. Nous avons regardé les navires riposter au tir des batteries du rivage. Nous avons aussi vu quelques Boston et des destroyers répandre des écrans de fumée pour protéger les convois.

Un peu plus tard, en compagnie de deux autres vedettes de sauvetage, ils sont attaqués par des FW190. Les autres bateaux prennent feu.

Notre vedette n'a pas été trop gravement endommagée, mais notre radio a été mise hors service. Nous nous sommes rapprochés... et nous avons commencé à recueillir les survivants des deux vedettes, où l'incendie faisait rage. Leur carburant

Quelques heures plus tôt, ces vaincus épuisés avaient songé à la possibilité de défiler en héros conquérants dans les rues de Dieppe. Quel dommage que Mountbatten, Hughes-Hallett, McNaughton et Crerar n'aient pas débarqué avec eux! [ECP Armées]

Des prisonniers canadiens — dont l'un est pieds nus — avancent en trébuchant dans une rue bordée de soldats allemands vigilants. [ECP Armées]

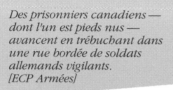

L'un des deux bunkers de béton qui gardaient la façade du casino donnant sur la mer. Les dégâts ont pu être provoqués par un obus de 10 centimètres, mais ils marquent plus probablement le début de la démolition intégrale du casino, entreprise par les Allemands après le raid. [ECP Armées]

et leurs munitions étaient en train d'exploser, et de nombreux hommes, dans l'eau chaude, hurlaient de douleur... Nous avons recueilli 14 rescapés, et le bateau de la marine, quatre — ils auraient dû être 22!...

Les survivants étaient si grièvement blessés que le capitaine est rentré pleins gaz à Newhaven... Jusqu'alors, nous n'avions aucune idée de la manière dont les choses s'étaient passées pour les troupes. Nous avons rapidement découvert qu'elles avaient reçu une fameuse dégelée.

Du côté de la marine, le destroyer *Berkeley* a été si gravement endommagé qu'il a fallu le saborder. Le *Brocklesby*, le *Fernie* et le *Calpe* ont également été touchés, ainsi qu'un certain nombre d'autres navires, en majorité des péniches de débarquement, grandes ou petites, dont 33 en tout ont été perdues.

Arrivé en Angleterre avant la tombée de la nuit, Kirby se demande sans doute, en son for intérieur, s'il a pris une décision judicieuse en vendant sa permission de fin de semaine. Cependant, il n'est pas encore au bout de ses émotions.

Le soleil repose sur l'horizon lorsque nous apercevons enfin cette bonne vieille Angleterre. Quel spectacle merveilleux... Toute une gamme d'émotions exacerbées s'emparent de moi lorsque je grimpe sur la jetée et que je contemple la pagaille qui règne dans le port : soulagement d'être de retour; bonheur d'être encore entier; honte d'être revenu seul; fierté de la manière dont les Camerons sont allés vers leur mort; tristesse à l'idée qu'on semble les avoir sacrifiés en pure perte; colère, enfin, d'avoir pris part, si modestement que ce fût et sans même savoir ce que je faisais, ni exactement où j'étais allé, à un jeu aussi déroutant, angoissant et exigeant, qui, à première vue, n'en valait guère la chandelle.

CONCLUSION

CONCLUSION

Le plan initial du raid contre Dieppe — l'opération RUTTER — était empreint de défauts si graves qu'ils auraient dû, à l'époque, sauter aux yeux de n'importe quel professionnel concerné.

Le plan de JUBILEE — un « plan à cou de taureau* », selon lord Lovat — est encore pire. Ainsi, au niveau des effectifs, les pertes allemandes — en tués, blessés, prisonniers ou disparus — atteignent à peine 591 hommes (316 dans l'armée de terre, 113 dans la marine, et 162 dans l'aviation), alors que les pertes anglo-canadiennes s'élèvent à 4 350 (3 610 dans l'armée de terre — y compris 247 des 1 057 commandos et Rangers, 550 dans la marine, et 190 dans l'aviation).

Mountbatten et son acolyte Hughes-Hallett ne peuvent guère éviter de supporter une partie du blâme à la suite de ces événements. De fait, ils passeront le reste de leur existence à tenter d'éviter qu'on leur en fasse supporter davantage. Néanmoins, et c'est là une preuve d'habileté de leur part, ils ne chercheront jamais à le rejeter sur d'autres, ce procédé risquant bien trop de glisser vers une escalade de calomnies réciproques.

L'important, à leurs yeux, reste de limiter les dégâts. Chaque fois qu'un journal, dans n'importe quelle région du monde, fait paraître une lettre de critique, ou qu'on s'exprime sévèrement sur leur compte à la radio — ou, à partir d'une certaine époque, à la télévision — ils se montreront prompts à la riposte. Les archives de Mountbatten doivent regorger de missives échangées par ces tristes duettistes, entre eux ou avec d'autres correspondants, où ils se répandent sur la manière d'esquiver ou de réfuter telle ou telle accusation. Pourtant, à mesure que les années passent et que les historiens progressent dans l'exploration des archives jusque-là tenues secrètes, il leur devient de plus en plus difficile de continuer dans cette voie. Citons encore une fois lord Lovat, qui, au moment où il écrit ces lignes, en 1965, est aussi qualifié que n'importe lequel de ses semblables pour discourir sur ce sujet :

> « On a tenu de durs propos après le raid, mais les gros bonnets ont survécu à l'autopsie en trouvant un bouc émissaire commode en la personne du général Hamilton Roberts... un soldat combattant qui a obéi aux ordres reçus et s'est comporté en gentilhomme, acceptant sa destitution en silence, sans protester. »

Les « gros bonnets » qui ont condamné Roberts étaient canadiens, et non britanniques.

Les raids précédents — y compris ceux qui étaient organisés en grande partie sous l'égide de Mountbatten, comme l'affaire de Vaagsö — se sont assez bien déroulés. Toutefois, avant le raid de Saint-Nazaire, la

---

* Traduction littérale de l'expression anglaise. Il faut comprendre : qui recèle, comme un taureau, beaucoup d'agressivité, mais peu de jugeote. (*N.D.T.*)

planification était confiée majoritairement à des hommes qui, comme Lovat, devaient réaliser eux-mêmes les plans qu'ils avaient conçus. Le QG des Opérations combinées ne s'occupait alors que du renseignement et de la coordination. L'effectif total de ce QG, sous la direction de l'amiral Keyes, n'a jamais dépassé plus de deux douzaines de personnes, comprenant les secrétaires!

Arrive alors Mountbatten, tel qu'il est au printemps de 1942. Un homme que Robert Henriques, jadis officier de l'armée régulière, romancier, et commando pendant la guerre (il était le chef d'état-major de Haydon à Vaagsö), décrit parfaitement dans un ouvrage posthume, *From a biography of myself.*

« ... la seule imperfection déparant la physionomie de ce très authentique seigneur de la guerre, à savoir ses yeux, un rien trop petits et trop rapprochés, n'était pas évidente. Ce visage représentait pour Meego* tout ce qu'il convoiterait toujours de pouvoir, de personnalité et d'assurance — et d'ambition justifiée. Une vaste ambition sans rien de répréhensible, car elle coïncidait parfaitement avec l'intérêt public. Une ambition impériale, superbement équipée pour n'importe quelle conquête, armée d'un esprit aussi agile que logique et d'une intuition encore plus prompte, sans faiblesse, sauf une inaptitude absolue à jauger les hommes, qu'il s'agisse de ses familiers ou de ses subordonnés. »

Les familiers et les subordonnés de Mountbatten à Richmond Terrace se comptent par centaines, et on a vu ce qu'un soldat

_____
* C'est-à-dire Henriques lui-même. (*N.D.T.*)

combattant comme Lovat pense d'eux. Pourtant, à mesure que les raids prennent de l'envergure, il faut inévitablement augmenter le nombre de planificateurs, et il devient nécessaire d'accorder au QG des Opérations combinées un rôle plus important dans le processus de planification.

Les résultats ne sont guère concluants. À Saint-Nazaire, on n'atteint l'objectif principal qu'à la faveur de la surprise, mais cet effet, lorsqu'on a affaire à un ennemi compétent, est toujours en partie une question de chance et, par définition, son effet est momentané. À Saint-Nazaire, les pertes sont extraordinairement élevées, sans que soit atteint aucun des objectifs secondaires. Ce n'est qu'en raison de l'importance stratégique de la destruction du bassin de radoub qu'on considère l'opération comme un succès.

Dans RUTTER, ceux qui ont été choisis — par leurs propres chefs, il ne faut pas l'oublier — pour mettre à exécution le gros du raid, ne disposent pas des connaissances ou de l'assurance (ou peut-être des deux) nécessaires pour critiquer l'avant-projet qu'on leur a remis. La planification détaillée de Roberts et de Mann n'est pas meilleure que celle du QG des Opérations combinées, et, pour des raisons que nous ne connaîtrons peut-être jamais, les membres de l'armée territoriale (en particulier Montgomery), qui pourraient les aiguiller sur la bonne voie choisissent de ne pas le faire.

Le plan ainsi obtenu est excessivement complexe. Il exige un minutage précis, car la réalisation de chacune de ses parties repose sur l'exécution parfaite de la précédente. La compréhension des défenses ennemies est

En 1952, John Hughes-Hallett (debout, à droite) a obtenu le grade de contre-amiral. Debout à gauche, le prince héritier Olaf de Norvège. Assis, de gauche à droite, l'amiral sir Patrick Brind, S.M. le roi Haakon de Norvège et l'amiral sir George Creasey. [IWM]

Unis autant par le souvenir que par leur position bras dessus, bras dessous, deux survivants des Fusiliers Mont-Royal sont photographiés une semaine après la bataille. [ANC]

tout à fait insuffisante; il n'y a aucune évaluation de l'inévitable « friction de la guerre » (pour ne rien dire du « brouillard »), et l'appui-feu est bien trop faible. L'effet de surprise une fois estompé, on aura tout perdu.

La question réellement intéressante est celle de l'absence d'autorisation officielle de JUBILEE, ce que Villa démontrera au-delà de tout doute raisonnable, si invraisemblable que cela paraisse. Winston Churchill et les chefs d'état-major britanniques ont désespérément besoin qu'une opération d'envergure soit menée dans le nord-ouest de l'Europe, et ils savent tous pertinemment ce que Mountbatten est en train de faire. Pourquoi, dans ces conditions, ne s'assurent-ils pas qu'elle réunit tous les éléments nécessaires pour la réussite, et n'usent-ils pas dans ce but de toute leur influence, officielle ou officieuse?

De nos jours encore, personne n'a trouvé de réponse satisfaisante à cette question, mais la plus probable est encore celle de l'urgence. Une révision des défauts de JUBILEE aurait pris plus de temps qu'ils ne pouvaient se le permettre, de sorte qu'ils préféreront laisser l'opération suivre son cours, si imparfaite qu'ils la sachent. Se déchargeant de toute responsabilité sur Mountbatten, ils se contentent d'espérer que tout se passera bien. Ce faisant, bien sûr, ils créent les conditions nécessaires pour aggraver une situation déjà mauvaise.

L'opération JUBILEE est plus désastreuse que RUTTER, parce qu'elle comporte tous les défauts de cette dernière, encore aggravés, et qu'elle est prévue dans un horaire encore plus serré. Baillie-Grohman est parti, les chefs d'état-major, l'armée territoriale et la plupart des rares planificateurs expérimentés du QG des Opérations combinées sont pratiquement « hors du coup », la RAF s'intéresse peu à la bataille terrestre, et le premier ministre est soucieux d'apaiser son allié russe. Hughes-Hallett a donc les coudées franches, et il semble obnubilé par la nécessité de mener à bien JUBILEE.

Il en va de même, apparemment, pour les généraux McNaughton et Crerar, qui commettent une faute grave en n'accordant pas plus d'attention critique à la planification. En fait, grâce à la sage décision de Mountbatten (sage de son point de vue) de n'accuser personne, ils ne seront même pas meurtris, bien que leur responsabilité dans le désastre de JUBILEE soit aussi claire que celle de n'importe qui d'autre, et que, pour autant qu'on puisse en juger, ils ne fassent pas d'efforts sérieux pour exécuter cette opération, s'en déchargeant sur Mountbatten à l'échelon supérieur, et sur Roberts à l'échelon inférieur.

Peut-être se préoccupent-ils trop exclusivement de la politique canadienne, qui complique la question, mais il se peut fort bien que le dernier mot appartienne à l'amiral sir Bertram Ramsay, qui en sait long sur les opérations amphibies, ayant supervisé l'évacuation de Dunkerque en juin 1940 et le retour en Normandie exactement quatre ans plus tard. « Dieppe a été une tragédie, estime-t-il, et on peut l'attribuer au fait que l'opération a eu pour planificateurs des enthousiastes inexpérimentés. »

Les enseignements tirés de JUBILEE joueront-ils un rôle vital dans le succès

Des hommes qui n'ont pas participé à la bataille expriment leur sympathie à certains des protagonistes. Au moment où cette photographie a été prise, quatre jours après le raid, le visage des hommes nu-tête, au centre et à droite, conserve encore les traces des dernières épreuves. [ANC]

Après la libération de Dieppe, en août 1944, des hommes du Royal Hamilton Light Infantry s'arrêtent pour prononcer une prière sur la tombe de quelques-uns de leurs camarades qui ont été tués au cours de la bataille deux ans plus tôt. [ANC]

d'OVERLORD, deux ans plus tard, ainsi que le prétendront par la suite Mountbatten (la première fois à l'occasion d'une réunion des chefs d'état-major, le lendemain du raid), et de nombreux vétérans cherchant une consolation à ce qui leur était arrivé, à eux et à leurs camarades?

Il est certainement possible de démontrer qu'on aurait pu profiter des mêmes leçons à un coût bien moindre, grâce à une combinaison de sens commun, de prévoyance et de dur labeur. S'emparer d'un port sans y causer de graves dégâts, par exemple, est un scénario hautement invraisemblable, une possibilité qui aurait dû être écartée sur-le-champ. D'autre part, les planificateurs à long terme envisagent déjà, à l'époque, des techniques de débarquement et d'approvisionnement de forces importantes sur des plages découvertes, et caressent l'idée de ports artificiels.

La Première Guerre mondiale aurait dû enseigner à tout soldat réfléchi — et certainement à tout soldat qui y a participé — qu'un assaut de front délibéré dépourvu d'un élément de surprise totale ou d'un appui-feu écrasant équivaut à un suicide. Pourtant, à en juger par Dieppe, McNaughton et Crerar (artilleurs au cours de la Première Guerre mondiale, et possédant une vaste expérience d'état-major acquise au cours de ce conflit) semblent n'avoir rien appris. L'efficacité du commandement et du contrôle exigent autre chose que des systèmes de communications de fortune, du type de ceux employés à bord du *Calpe* et du *Fernie*. Il en allait de même pour l'artillerie au cours de la Première Guerre mondiale, et deux « vieux routiers » comme McNaughton et Crerar

auraient dû le savoir et être prévenus du danger.

Les seules leçons qu'il faille acquérir sur le terrain ont trait à l'envergure du projet : plus l'opération est importante, plus la marge d'imprévu augmente, et plus il est difficile de garantir le succès. Pourtant, même ces leçons pourraient être apprises au moyen d'exercices, et toutes celles dont on a besoin pour le Jour J, mais que l'entraînement et la prévoyance ne peuvent enseigner, on les tirera de débarquements bien plus importants et bien plus complexes, dans le nord-ouest de l'Afrique (le 8 novembre 1942), en Sicile (les 9 et 10 juillet 1943), à Salerne (le 9 septembre 1943) et même à Anzio (le 22 janvier 1944).

Il reste la question du choix de troupes bien entraînées, mais totalement inexpérimentées, pour exécuter ce qui sera, de l'aveu général, l'opération la plus difficile de la guerre : prendre pied sur un rivage hostile. L'évaluation allemande sera brutale et sans ambages : « *Les Anglais* [c'est-à-dire les commandos] *se sont bien battus. Les Canadiens et les Américains pas aussi bien. Par la suite, ils se sont rapidement rendus, sous le coup de pertes élevées et sanglantes.* »

À l'occasion du cinquantième anniversaire de Dieppe, M.R.D. Foot, jadis historien officiel britannique, a remarqué, dans la revue *History Today*, que « la 2ᵉ Division canadienne n'avait jamais vu le feu auparavant, ce qui a eu des conséquences regrettables. La première réaction de nombreux soldats, lorsqu'on leur a tiré dessus, a consisté à se jeter à plat ventre. Une fois par terre, ils n'étaient pas enclins à se relever. C'est là l'une des raisons de l'échec du raid. »

Ce faisant, Foot a désagréablement chatouillé la fibre patriotique de nombreux Canadiens, qui ont vu dans ses mots une accusation de lâcheté et s'en sont naturellement offusqués. Pourtant, c'est de l'inexpérience et d'un entraînement tactique insuffisant qu'il fait le procès — tout comme Von Rundstedt — et non de l'héroïsme ou de la lâcheté. La 2ᵉ Division, comme n'importe quelle division de n'importe quelle autre armée, avait son lot de lâches et de héros. Un certain nombre des premiers se trouvaient sans doute parmi ceux qui sont restés étendus sur le sol.

De nombreux hommes qui étaient pourtant de l'étoffe dont on fait les braves, pétrifiés par le bruit et la violence de la bataille, se sont également aplatis au sol ou sont restés en arrière, ne sachant que faire d'autre, mais Foot a sûrement tort d'attribuer l'échec du raid à leur réaction. Quand bien même tous ces hommes auraient été des Hector ou des Achille, une bataille aussi médiocrement planifiée et organisée que JUBILEE aurait été très difficile à gagner : seule une grossière incompétence des Allemands aurait pu changer le cours des choses.

TABLE DES MATIÈRES